BLV Essen & genießen

503 Se
zum Verschenken
504 Obstkuchen – Obsttorten
506 Selber backen mit Vollkorn
510 Gesunde Wildkräuterküche
512 Die Kunst schlank zu bleiben
513 Weihnachtliche Bäckerei
515 1 × 1 der richtigen Ernährung
516 Die Kunst Tee zu trinken
517 Kartoffeln rund und gesund
518 Selbstgemachte Marmeladen und Gelees
519 Vollwert-Süßspeisen
520 Kinderfeste
521 Genüßliche Weinkunde
522 Einlegen · Trocknen · Kandieren
523 Eis selbst gemacht
524 Köstliche Obstspeisen
525/526 Aus türkischen Küchen
527/528 Aus griechischen Küchen
529/530 Südtiroler Leibgerichte
531 Vegetarische Vollwertkost
532 Käserezepte zum Kochen und Backen
533 Longdrinks und Cocktails
534 Salate
535/536 Schwäbische Leibspeisen
537 Schnelle Küche für 1 und 2 Personen
538 Zwiebelring und Knoblauchzeh
539 Crêpes, Pfannkuchen, Omeletts
540 Vollwert-Nudelgerichte
541 1 × 1 der Mikrowelle
542/543 Vollwertkost aus aller Welt
544/545 Tofu · Rezepte aus aller Welt
546/547 Aus Schweizer Küchen
548 Kleines Lexikon der Vollwertküche
550 Saucen & Soßen
551 Studentenfutter

Leah Leneman

Tofu

Rezepte aus aller Welt

BLV Verlagsgesellschaft
München Wien Zürich

CIP-Titelaufnahme der Deutschen Bibliothek

Leneman, Leah:
Tofu: Rezepte aus aller Welt / Leah Leneman. [Übers. aus d. Engl.: Ingeborg Andreas-Hoole. Fotos u. Titelfoto: Fotostudio Poggenpohl, Peiting]. – München; Wien; Zürich: BLV Verlagsgesellschaft, 1988
(BLV Essen und geniessen; 544/545)
Einheitssacht.: The international Tofu cookery book <dt.>
ISBN 3-405-13449-8
NE: GT

Titel der englischen Originalausgabe:
The International Tofu Cookery Book

Übersetzung aus dem Englischen:
Ingeborg Andreas-Hoole

Satz und Druck: Appl, Wemding
Bindung: R. Oldenbourg, München

Printed in Germany · ISBN 3-405-13449-8

Bildquellen

American Soybean Association, Hamburg
Seiten 26/27, 58/59, 66/67, 82/83
Alle anderen und Titelfoto:
Fotostudio Poggenpohl, Peiting

Zu den Fotos auf den Seiten 26/27, 58/59, 66/67, 82/83:
Anbau und Ernte von Sojabohnen; vom Keimling über Blüten und Hülsen bis zu den Bohnen.

Zu diesem Buch

Es ist schon längst kein Geheimtip mehr, Tofu als vollwertiges Nahrungsmittel in der Küche zu verwenden. In Japan und China zählt er schon lange zu den beliebtesten und traditionellsten Nahrungsmitteln, bei uns steht er am Anfang seines Siegeszuges. Durch seine nahezu unbegrenzten Zubereitungsmöglichkeiten kann er selbst Gourmet-Ansprüchen gerecht weden. Es wäre also falsch, Tofu »nur« als Fleischersatz für Vegetarier einzustufen.

Wie bereits beim Durchblättern des Buches aus den Rezeptüberschriften hervorgeht, kann Tofu gekocht, gedämpft, gebraten, fritiert werden; er kann frisch in Scheiben, Würfeln oder geraspelt als begleitende Zutat dienen; er kann aber auch püriert und aufgeschlagen werden, je nachdem, welche Konsistenz gebraucht wird. So lassen sich neben z.B. gebratenen Tofuscheiben, fritierten Tofubällchen, Tofu-Gratins und Tofu-Pies schmackhafte Saucen, Cremes und Kuchen herstellen.

Das Buch bringt über 100 Rezepte, von international gültigen und traditionellen asiatischen Gerichten über indische Spezialitäten bis hin zu Gerichten, die sich von der Küche der Mittelmeerländer, Mexikos, Amerikas, Englands und der Karibik inspirieren lassen. Enthalten sind Rezepte für Salate, Hauptgerichte und Desserts. Ein praktischer Teil informiert über die verschiedenen erhältlichen Tofusorten und über weniger bekannte Zutaten, die in den Rezepten verwendet werden. Auch gibt die Autorin eine detaillierte Anleitung, wie Sie Tofu selber machen können. Leah Leneman legt in ihren Rezepten größten Wert auf Einfachheit. Auch die zurückhaltendsten Köche werden begeistert sein, wie schnell und leicht sich die Tofu-Rezepte ganz ohne tierische Produkte zubereiten lassen. Die Autorin unterstreicht auch, daß Kochen mit Tofu Spaß macht – denn Tofu kann interessanter und abwechslungsreicher zubereitet werden als jedes andere Nahrungsmittel.

Diese Sammlung köstlicher Tofu-Rezepte aus aller Welt soll auch Ihnen Spaß machen und Sie vor allem zum Ausprobieren verführen. Wer erst einmal seine besonderen Vorzüge – vor allem den unkomplizierten Umgang und seine Verfügbarkeit ohne große Vorbereitung – kennengelernt hat, wird nicht mehr auf Tofu verzichten mögen.

Spaß, Gelingen und viel eigene Fantasie, abgeleitet aus den Grundideen der vorliegenden Rezepte, wünscht Ihnen

Der Verlag

Inhalt

Einführung

WARUM TOFU?

Tofu, auch unter dem Namen Sojakäse oder Sojabohnenquark bekannt, ist in Asien seit Jahrhunderten ein Grundnahrungsmittel. In den letzten Jahren hat er auch bei uns sehr viele Freunde gewonnen und wird gerne in der Küche verwendet. Das hat mehrere Gründe.

An erster Stelle ist sein hoher Nährwert zu nennen. Die heutige Ernährung in westlichen Industrienationen mit ihrem hohen Anteil an gesättigten tierischen Fetten und Cholesterin hat oft gravierende Folgen: Übergewicht und Herzerkrankungen. Viele Menschen suchen deshalb nach Alternativen. Tofu ist einweißreich, kalorienarm und cholesterinfrei. Cremig püriert ersetzt er Mayonnaise, Sauerrahm, Schlagsahne und andere Milchprodukte – und das mit einem Bruchteil der Kalorien. Zerdrückt kann er anstelle von Eiern verwendet werden – und das ganz ohne Cholesterinbelastung! Fritiert oder gebraten eignet er sich für Gerichte, die üblicherweise mit Fleisch, Fisch oder Geflügel zubereitet werden.

Jeder, der Tofu zum ersten Mal probiert, ist überrascht, wie fad er schmeckt. Aber dieser fehlende Eigengeschmack ist einer seiner größten Vorteile, da er jedes Aroma aufnehmen kann. Und anders als sein Ausgangsprodukt, die Sojabohne, die Blähungen verursachen kann, ist Tofu sehr leicht verdaulich und kann deshalb ohne die geringsten Bedenken auch von Kleinkindern oder älteren Menschen verzehrt werden.

Ein weiterer Grund für die steigende Beliebtheit von Tofu ist sein Preis, der für ein so hochwertiges Nahrungsmittel, das zur Zeit noch in relativ geringen Mengen hergestellt wird, sehr niedrig ist. Und geradezu spottbillig wird Tofu, wenn Sie ihn zu Hause selbst herstellen (Seite 14).

Tofu bietet in der Zubereitung vielfältigere Möglichkeiten als irgendein anderes Nahrungsmittel.

Kurz: Tofu essen und mit eigener Phantasie zubereiten macht einfach Spaß!

KLEINE TOFUKUNDE

Es gibt drei Grundsorten Tofu:

- ▷ *Seidiger Tofu* – er ist sehr weich.
- ▷ *Mittelfester Tofu* – er ist kompakter, so daß man einen Würfel davon hochheben kann, wobei man allerdings vorsichtig sein muß, denn es könnte von der immer noch relativ weichen Masse leicht ein Stück abbrechen.
- ▷ *Fester Tofu* – man kann ihn als ganzen Block hochheben, ohne befürchten zu müssen, daß er auseinanderfällt.

Darüber hinaus gibt es einige weniger verwendete, ungewöhnlichere Tofusorten, zum Beispiel fermentierten, gefriergetrockneten oder fritierten Tofu.

Seidiger Morinaga-Tofu

Diese Tofusorte ist ein haltbares Produkt, das ohne Kühlung aufbewahrt werden kann; es ist in Reformhäusern und in den meisten Asienläden erhältlich. Morinaga-Tofu ist etwas fester als der traditionelle seidige Tofu. Sie können ihn selbst noch weiter festigen, wenn Sie ihn in ein Geschirrtuch wickeln und möglichst stark auspressen. Aber allen Behauptungen des Herstellers zum Trotz ist es sehr schwierig, dieses Produkt anstelle von mittelfestem oder festem Tofu einzusetzen. Denn wenn Sie Morinaga-Tofu würfeln, zerfallen die Stücke sehr leicht. Und wenn Sie ihn zerdrücken, ist der Flüssigkeitsgehalt so groß, daß keine kompakte Masse entstehen kann. Ich habe diesen Tofu daher nur in solchen – wenigen – Rezepten ausdrücklich angegeben, wo ich mit dem Ergebnis zufrieden war.

Japanischer seidiger Instant-Tofu

Wer sich schon einmal in einem Asienladen umgeschaut hat, dem sind vielleicht die Packungen der Marke »House« aufgefallen, die Sojamilchpulver und ein Gerinnungsmittel enthalten, woraus Sie selbst Ihren Tofu anrühren können. Wer das Produkt gekauft hat und der Gebrauchsanweisung gefolgt ist, stand schließlich vor einer ziemlich großen Menge sehr weichem Tofu, der nicht ganz einfach zu verwenden war. Lesen Sie dazu aber bitte noch den Abschnitt »Abgewandelter japanischer Tofu« weiter unten.

Mittelfester Tofu

Wenn Sie für Ihren hausgemachten Tofu Bittersalz oder Zitronensaft als Gerinnungsmittel verwenden, bekommen Sie wahrscheinlich mittelfesten Tofu (vor allem dann, wenn Sie ihn nicht allzu lange pressen). Wenn Sie frischen, »hausgemachten« Tofu im Naturkostladen kaufen, kann es sich ebenfalls um solchen mittelfesten Tofu handeln. Der Großteil handelsüblicher Tofus wird allerdings vakuumverpackt, damit er sich länger hält. Alle vakuumverpackten Sorten, die ich bisher probiert habe, gehörten in die Kategorie »fester Tofu«. Mittelfester Tofu ist daher eher selten zu finden, mit Ausnahme von chinesischem Tofu.

Chinesischer Tofu

China- und Asienläden in vielen größeren Städten verkaufen frischen Tofu in Blöcken. Chinesischer Tofu ist mittelfest. Das Gerinnungsmittel, das bei seiner Herstellung verwendet wird, sorgt allerdings für einen ausgeprägten Eigengeschmack, so daß diese Tofusorte für viele Gerichte ungeeignet ist, vor allem für Süßspeisen. Zu asiatischen Gerichten paßt dieser Tofu jedoch besonders gut.

Fester Tofu
Seidiger Tofu

Mittelfester Tofu
Japanischer Tofu
Geräucherter Tofu

Abgewandelter japanischer Tofu

Wenn Sie ein Päckchen japanischen Instant-Tofu der Marke »House« mit nur 350 ml Wasser statt der angegebenen Wassermenge anrühren, können Sie daraus einen mittelfesten Tofu herstellen. Gießen Sie die Mischung sofort nach dem Einrühren des Gerinnungsmittels in einen Behälter und lassen Sie sie zugedeckt abkühlen. Lösen Sie die Seiten mit einem Messer, füllen Sie den Behälter mit Wasser auf, dekken Sie den Tofu wieder zu und kühlen Sie ihn bis zum Gebrauch. Dieser Tofu ist von ähnlicher Beschaffenheit wie chinesischer Tofu (allerdings finde ich ihn zum Fritieren weniger gut geeignet), aber er schmeckt völlig anders und ist ziemlich süßlich. Wegen seines Geschmacks und seiner Beschaffenheit finde ich diesen »abgewandelten« japanischen Tofu ideal für alle Rezepte – pikante und süße Gerichte –, die normalerweise mit einer Béchamelsauce aus Milch zubereitet werden.

Hinweis
Ein auf diese Weise angerührtes Päckchen ergibt etwa 300 g fertigen Tofu (Quark und Molke werden nicht getrennt).

Fester Tofu

Inzwischen gibt es kaum noch Reformhäuser oder Naturkostläden, in denen Sie keinen frischen oder vakuumverpackten Tofu kaufen können. Fast immer handelt es sich dabei um festen Tofu. Wenn Sie mittelfesten Tofu gut abtropfen lassen, dann in ein Handtuch wickeln und mindestens 20 Minuten mit einem Gewicht beschweren, wird einiges von der Flüssigkeit herausgedrückt, der Tofu wird ähnlich wie fester Tofu.

Bei jedem Rezept ist der Reihenfolge nach angegeben, welche Tofusorten ich jeweils für die geeignetsten halte; lassen Sie sich jedoch nicht beirren, wenn Sie persönlich eine ganz andere Sorte vorziehen.

Fermentierter Tofu

In Asienläden können Sie fermentierten Tofu im Glas oder in der Dose kaufen. Der Geschmack erinnert ein bißchen an Camembert. Fermentierter Tofu ist aber viel zu stark gesalzen, als daß man ihn pur essen könnte. Allerdings rundet er einen Tofu-Dip wie den im folgenden Rezept mit einer eigenwilligen Geschmacksnote ab.

Dip mit fermentiertem Tofu

1 Päckchen seidiger Morinaga-Tofu
2 EL Pflanzenöl
2–3 EL fermentierter Tofu
2 TL Zitronensaft

Sämtliche Zutaten in den Mixer geben und zu einem glatten Dip pürieren.

Gefriergetrockneter Tofu

Tofu können Sie auch einfrieren. Wenn er auftaut, hat er eine »fleischigere« Beschaffenheit als im Frischzustand. Manche Naturkost- und Asienläden bieten auch gefriergetrockneten Tofu an. Ein kleiner Vorrat davon ist sehr praktisch für alle Fälle, wenn der frische Tofu einmal ausgeht. Ein 100-g-Päckchen ergibt 4 Portionen.
Und so machen Sie gebrauchsfertigen Tofu daraus: Legen Sie die Blökke in eine große Schüssel und übergießen Sie sie mit reichlich kochendem Wasser. Nach etwa 5 Minuten gießen Sie das Wasser ab und lassen kaltes Wasser über den Tofu laufen. Nehmen Sie die Blöcke einzeln heraus und pressen Sie sie zwischen den Handflächen fest zusammen, um möglichst viel Wasser herauszudrücken.
Die einfachste Art der Zubereitung für diesen Tofu: Wälzen Sie die Tofuscheiben in Pfeilwurzelmehl oder Maisstärke oder tauchen Sie sie erst in Sojamilch und panieren Sie sie dann mit Semmelbröseln. Fritieren Sie die Scheiben oder braten Sie sie in der Pfanne, bis sie braun und knusprig sind. Das gibt erstaunlich gute »gebratene Fischfilets« oder »Fischstäbchen«. Reichen Sie dazu Zitronensaft oder Ketchup und, wenn Sie's ganz traditionell haben wollen, Erbsen und Pommes frites.

Fritierter Tofu

In manchen Asienläden erhalten Sie bereits fertig fritierten Tofu, aber meist nur in größeren Mengen. Der unterschiedliche Wassergehalt von chinesischem (mittelfestem) und festem Tofu wird sehr deutlich, wenn Sie diese Sorten selbst fritieren: 350 g chinesischer Tofu ergeben etwa 150 g fritierten Tofu, während 350 g fester Tofu etwa 250 g fritierten Tofu ergeben. Wenn man's richtig macht – also die richtige Temperatur einhält –, ist Fritieren keineswegs ungesund, denn dann nimmt der Tofu nur wenig Öl auf. Zum Fritieren von Tofu sollten Sie sich entweder ein Kochthermometer zulegen und das Öl auf genau 180 °C erhitzen, bevor Sie den gewürfelten Tofu hineingeben, oder aber mit einer Friteuse arbeiten, die die Temperatur automatisch regelt.

Getrockneter Tofu in Stangen oder Blättern

In Asienläden werden Sie vielleicht auch auf dieses Produkt stoßen, das in der chinesischen Küche zur Zubereitung solcher Köstlichkeiten wie Bombay-Ente verwendet wird. Ungeachtet der Bezeichnung handelt es sich dabei überhaupt nicht um Tofu, sondern um die weiterverarbeitete Haut, die beim Herstellen von Sojamilch von der Oberfläche abgehoben wird. Deshalb – und weil es sich um ein eher abwegiges Spezialprodukt handelt – habe ich in diesem Buch darauf verzichtet. Es gibt ja so viele Gerichte, die sich aus normalem Tofu zubereiten lassen!

TOFU SELBER MACHEN

Die hier beschriebene Methode ergibt nicht unbedingt den feinkörnigsten Tofu oder die größtmögliche Ausbeute. Aber der Tofu wird köstlich im Geschmack und fest in seiner Konsistenz. Außerdem ist diese Methode so viel schneller und einfacher als jede andere, von der ich gelesen habe, daß ich mir gar nicht vorstellen kann, meinen Tofu auf eine andere Weise zu machen.

Hilfsmittel

Zum Herstellen von Tofu brauchen Sie folgende Hilfsmittel:

- ▷ einen großen Topf, der mindestens 3,5 Liter faßt,
- ▷ einen Mixer,
- ▷ ein Sieb,
- ▷ einen kleinen Kasten (10 × 15 cm groß) mit kleinen Löchern im Boden und in den Seitenwänden (Sie können auch eine kleine Plastikdose verwenden und die Löcher selbst hineinbohren; schneiden Sie vom Deckel ringsherum etwas ab, damit er in die Dose hineinpaßt),
- ▷ ein größeres Mulltuch (75 × 75 cm) und ein kleineres Mullstück, das in den Kasten hineinpaßt.

Wenn der Tofu anschließend zerdrückt oder püriert und nicht in Scheiben oder Würfel geschnitten werden soll, brauchen Sie den Kasten gar nicht, dann genügt das mit dem Mulltuch ausgekleidete Sieb.

1 Sojabohnen, links die gekauften, rechts die bereits eingeweichten.
2 Die eingeweichten Sojabohnen in den Mixbecher geben,
3 mit Wasser aufschlagen,
4 in einen Topf gießen, der mit einem Mulltuch ausgelegt wurde,
5 das Mulltuch ausdrücken. Im Tuch bleibt *Okara,* im Topf die *Sojamilch.*

(Fortsetzung Seite 18)

1

2

3

4

5

Gerinnungsmittel

Es gibt verschiedene Gerinnungsmittel, mit denen sich die Sojamilch stocken läßt. Am gebräuchlichsten sind Zitronensaft, Bittersalz und ein Meerwasserprodukt namens Nigari. Jedes davon ist recht, aber am empfehlenswertesten ist Nigari, und zwar aus drei Gründen:

- der Tofu wird am festesten,
- er schmeckt am besten,
- Nigari ist in der Handhabung so gut wie narrensicher.

Nigari ist in den meisten Reformhäusern und Naturkostläden erhältlich.

Tofu aus Sojabohnen

Am Vorabend übergießen Sie 250 g Sojabohnen mit kochendem Wasser und lassen sie einweichen. Am nächsten Morgen gießen Sie sie ab und spülen sie mit kaltem Wasser. Schütten Sie 1 Tasse eingeweichte Bohnen in den Mixaufsatz, gießen Sie 1 Tasse Wasser dazu und lassen Sie den Mixer laufen. Dann gießen Sie 2 Tassen kochendes Wasser nach und schalten den Mixer wieder ein. Falls Ihr Mixer nicht groß genug ist, können Sie auch mit kleineren Portionen arbeiten, solange das Verhältnis Sojabohnen – Wasser in etwa gewahrt bleibt. *Es ist nicht nötig, beim Tofumachen alles ganz genau abzumessen.*

Legen Sie ein großes Mulltuch über den Topf und gießen Sie vorsichtig die Mischung aus dem Mixer hinein. Ziehen Sie das Tuch an den Seiten hoch, so daß Sie einen kleinen Sack erhalten, durch den die *Sojamilch* abläuft. Drücken Sie ihn vorsichtig aus, damit die gesamte Flüssigkeit in den Topf gelangt. Die im Mullsack zurückbleibende Masse heißt *Okara* und kann für pikante Speisen verwendet werden; sie ist eiweißreich, aber im Gegensatz zu Tofu nicht sehr leicht verdaulich.

Wenn Sie alle Bohnen so verarbeitet haben, stellen Sie den Topf bei mittlerer Hitze auf den Herd und bringen die Sojamilch langsam zum Kochen, dabei rühren Sie gelegentlich um. Seien Sie wachsam dabei, denn die Milch kann ganz plötzlich und heftig überkochen. Sobald der Siedepunkt erreicht ist, schalten Sie die Hitze auf die kleinste Stufe herunter, so daß die Milch leise wallt, aber nicht mehr überkochen kann. Lassen Sie die Milch etwa 3 Minuten simmern.

Inzwischen geben Sie 1 gehäuften Teelöffel Nigari oder ein anderes Gerinnungsmittel in eine Tasse. Füllen Sie die Tasse zur Hälfte mit kochendem Wasser und rühren Sie gut um. Ziehen Sie die Sojamilch vom Herd und rühren Sie das aufgelöste Gerinnungsmittel vorsichtig ein; es soll gleichmäßig in der ganzen Flüssigkeit verteilt sein. Lassen Sie die Masse etwa 3 Minuten stehen; dann sollte die Milch anfangen auszuflocken.

Stellen Sie den mit Mull ausgekleideten Kasten (falls verwendet) in das Sieb und gießen Sie nach und

nach den Inhalt des Topfes hinein, so daß die Molke durchrinnt und der Quark in dem Kasten zurückbleibt. Hängen Sie das Sieb dann über den leeren Topf, damit der Quark weiter abtropfen kann, und beschweren Sie den Quark mit einem Gewicht von etwa 1 kg. Lassen Sie ihn etwa 1 Stunde ruhen, bevor Sie ihn aus der Form lösen.
250 g Sojabohnen ergeben etwa 350 g Tofu (es können auch 50 g mehr oder weniger sein).

Hinweise
Wenn Sie den Tofu nicht sofort verbrauchen, sollten Sie ihn in einen luftdicht verschließbaren Behälter geben, mit Wasser bedecken und im Kühlschrank aufbewahren. Dort hält er etwa 1 Woche. Oft liest man, man müsse das Wasser täglich wechseln. Das ist jedoch nicht nötig, wenn der Behälter nicht geöffnet wird.
In Wasser gelagerten Tofu lassen Sie vor Gebrauch am besten gut abtropfen und wickeln ihn dann kurz in ein Geschirrtuch, um überschüssige Flüssigkeit zu entfernen. Das gilt allerdings nur, wenn der Tofu gebraten oder fritiert und nicht zerdrückt oder püriert werden soll. Fritierter Tofu hält sich im Kühlschrank noch ein paar Tage länger; bewahren Sie die Stücke trocken in einer Plastiktüte auf.

Tofu aus Sojamehl

Rühren Sie mit dem Schneebesen 1 Teil Sojamehl in 3 Teile kochendes Wasser. Lassen Sie die Mischung unter gelegentlichem Rühren 15–20 Minuten simmern. Fügen Sie dann pro Liter Flüssigkeit etwa 1 Teelöffel Gerinnungsmittel zu und arbeiten Sie weiter, wie oben beschrieben.
Sie dürfen nicht dasselbe Ergebnis erwarten wie bei Sojabohnen. Die geronnenen Flocken sind viel kleiner, und Tofu aus Sojamehl wird nie so fest, daß Sie ihn braten oder fritieren können, egal, wie lange Sie ihn auspressen. Er eignet sich aber für alle Rezepte, in denen zerdrückter oder pürierter Tofu verlangt wird.

Tofu aus Sojamilch

Sie können jede käufliche Sojamilch zum Gerinnen bringen und Tofu daraus machen. Bringen Sie die Milch zum Kochen, nehmen Sie sie vom Herd und rühren Sie das Gerinnungsmittel ein (etwa 1 Teelöffel pro Liter Milch). Der so entstandene Tofu ist von ähnlicher Beschaffenheit wie der Tofu aus Sojamehl. Auch er eignet sich nicht zum Braten oder Fritieren.

6

7

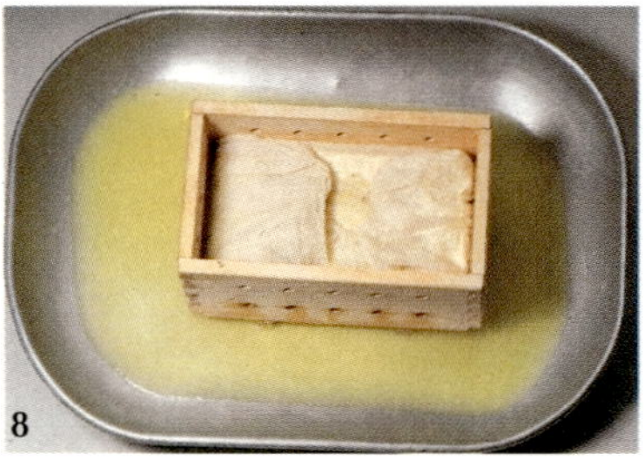

8

9

6 Das Gerinnungsmittel zugeben. Die Sojamilch langsam ausflocken lassen,
7 in den vorbereiteten Kasten füllen,
8 abtropfen, beschweren, ruhen lassen.
9 Der fertige Tofublock.

SPEZIELLE ZUTATEN IN DEN REZEPTEN

Agar-Agar
Syn. Pflanzengelatine. Aus Rotalgen gewonnen. Als Blätter, Stangen, Pulver, Schnitzel oder Körner im Handel. Unlöslich in kaltem, löslich in heißem Wasser. Geliert bei 40 °C.

Alfalfasprossen
(Luzernesprossen)
Schmecken ähnlich wie Kresse, nur milder. Hoher Vitamin-C-Gehalt.

Bockshornkleesamen
Würz- und Heildroge. Die getrockneten Samen werden ganz oder gemahlen verwendet. Sie sind Bestandteil des Currypulvers. Ihr eigenartiger Geruch verwandelt sich beim Rösten oder Kochen in ein angenehmes Aroma.

Chiligewürz, mexikanisches
Besonders scharfes Würzpulver, aus den mexikanischen Chilies, Origano und Kreuzkümmel hergestellt.

Bohnenpaste, gelbe
Dicke Paste aus fermentierten gelben Bohnen, Mehl und Salz. In Asienläden erhältlich.

Bulghur
Kurz vorgekochter, dann gedarrter und anschließend geschroteter Hartweizen. Haltbares Produkt, das z. T. aufgeschlossen ist und dadurch schneller gart. Hoher Vitamingehalt.

Garam-Masala
Indische Gewürzmischung aus gerösteten und anschließend feingemahlenen Gewürzen.

Gemüsebrühe
Vegetarisches Produkt. Als Pulver oder lösliche Paste in Reformhäusern und Naturkostläden zu bekommen.

Hefeextrakt
Syn. Hefepaste. Wird aus Hefe gewonnen. Würzmittel mit hohem Vitamin-B-Gehalt. Im Handel ungewürzte und gewürzte Produkte.

Hoisinsauce
Süß-würzige, braun-rote Sauce aus Sojabohnen, Mehl, Zucker, Wasser und Gewürzen.

Kleie-Snacks
Fertigprodukt, in pikanter und süßer Variante in Reformhäusern zu bekommen.

Kokosmilch
Nicht zu verwechseln mit der Flüssigkeit in der frischen Kokosnuß. Kokosfleisch wird geraspelt und mit heißem Wasser im Mixer verschlagen. Die Mengen sind im Rezept angegeben. Im Handel auch als Instantpulver und als gepreßte Würfel zu bekommen.

Kreuzkümmel
Syn. Cumin. Die sehr aromatischen, bitterscharfen Samen werden getrocknet und sind ganz oder ge-

mahlen im Handel. Wesentlicher Bestandteil in den sehr verschiedenen original indischen Curry-Würzmischungen.

Kurkuma
Syn. Gelbwurz. Gelbfärbender Bestandteil des Currypulvers. Ganz, geschnitten oder als Pulver im Handel. Ingwerähnlicher, schwach bitterer, scharfer Geschmack.

Linsen, rote
Kleine Linsen, die besonders viel Eiweiß enthalten und nicht eingeweicht werden müssen. Stammen aus dem Orient.

Miso
Würzige Paste aus vergorenen Sojabohnen, manchmal unter Zusatz von Reis, Gerste oder Buchweizen. Sparsam verwenden, da sehr salzig.

Piment
Syn. Nelkenpfeffer. Gewürzkörner, Früchte 4–7 mm. Geruch und Geschmack an Zimt, Nelken, Pfeffer und Muskat erinnernd. In Currypulver und Worcestersauce enthalten.

Rohzucker
Wird als Alternative zu Zucker angeboten, ist ernährungsphysiologisch jedoch nicht höher zu bewerten. Besteht zu 96% aus raffiniertem Zucker und zu 3–4% aus Melasse. Kann in den meisten Rezepten durch Honig, Apfel- oder Birnendicksaft oder Ahornsirup ersetzt werden.

Sambal Oelek
Tafelfertige indische Würzsauce, aus gestampftem, mit Salz konserviertem spanischen Pfeffer hergestellt.

Senfkörner, schwarze
1–1,5 mm große Samenkörner, besonders scharf. Ersatzweise können braune oder gelbe Senfkörner verwendet werden.

Sesamöl
Kaltgepreßtes hellgelbes, geruchloses, mildes Öl mit starkem Geschmack. Kann bis zur Brattemperatur erhitzt werden, ohne zu verbrennen. In Asien-, Naturkostläden und Reformhäusern zu bekommen.

Sojabohnen
Eiweißreiches, cholesterinfreies, billiges Nahrungsmittel, Grundsubstanz für viele Sojaprodukte, auch für Tofu. Als eigenes Gericht haben die Bohnen lange Kochzeiten:
1 Stunde im Schnellkochtopf,
7–9 Stunden im gewöhnlichen Topf.

Sojajoghurt
Diesen gibt es (noch) nicht zu kaufen, er ist aber sehr leicht selbst zu machen. Verwenden Sie dazu pulverförmiges Ferment (Nigari), das in Naturkostläden erhältlich ist, und irgendeine käufliche Sojamilch (Instant-Sojamilch in Pulverform oder Sojamilch-Konzentrate haben gegenüber fertiger Sojamilch den Vorteil, daß Sie sie mit mehr oder weniger Wasser anrühren können, je nach Verwendungszweck, ob Sie

Sojamehl
Hoisinsauce
Kokosmi
Agar-Agar
Kurkuma
Chilischot
Garam Masala
Chilipulver
Sambal Oel

Mohnenpaste
Tahin
Rote Linsen
Sojabohnen
Miso
Sesamöl

dickeren oder dünnflüssigeren Joghurt brauchen). Kochen Sie die Sojamilch auf und lassen Sie sie bis gut handwarm abkühlen. Rühren Sie dann das Ferment nach Gebrauchsanweisung ein. Eine Thermosflasche mit weiter Öffnung eignet sich für diesen Zweck übrigens genausogut wie eine Joghurtmaschine. Die ersten ein bis zwei Joghurtansätze schmecken nie besonders ausgeprägt. Wenn Sie aber immer wieder einen Löffel vom alten Joghurt für den nächsten Ansatz aufheben, wird der Joghurt immer besser, und Sie können so monatelang Joghurt machen, bis Sie wieder neues Ferment brauchen.

Sojamehl
Aus den geschälten gelben Sojabohnen vermahlen. Bindet viel Wasser und muß deshalb mit vergleichsweise hohen Flüssigkeitsmengen (bzw. geringeren Mehlmengen) verarbeitet werden.

Sojamilch
Wird abgepackt in Reformhäusern und Naturkostläden angeboten. Neben der ungesüßten Sojamilch gibt es Milch-Drinks mit Erdbeeren, Kokos und ähnlichen Geschmacksträgern. Sojamilch kann in fast allen Rezepten als Ersatz für Kuhmilch verwendet werden. Man kann sie selber herstellen (Seite 16).

Sojasauce
Aus Sojabohnen, Salz, geröstetem Weizen und Hefe hergestellte Würzsauce. Es gibt die dunkle (hat mehr Farbe als Geschmack), helle (mild im Aroma) und die rote (am vielseitigsten zu verwenden) Sojasauce.

Tahin
Syn. Sesambutter. Paste aus gemahlenem Sesam, manchmal gesalzen. Sehr würzig. Die helle Paste aus geschältem Sesam ist milder als die herbe, dunkle Paste aus den ungeschälten Samenkörnern.

Tofu-»Mayonnaise«
Cremige Salat-Dressings aus Tofu werden bereits kommerziell hergestellt. Aber Sie können solche Dressings auch leicht selber machen, zum Beispiel die im Rezept für Kartoffelsalat beschriebene »Mayonnaise«, Seite 28.

Vanilleessenz
Syn. Vanilleextrakt. In Alkohol gelöste reine Vanille.

Wasserkastanien
Syn. water chestnut. In Wasser, Salzlösung oder Sojasauce konservierte Samen einer einjährigen Wasserpflanze. Werden aus China importiert. In Konsistenz und Geschmack wie frische Kokosnuß.

HINWEISE ZU DEN REZEPTEN

- ▷ Ich erhebe bei den Rezepten nicht den Anspruch auf Originaltreue. Vielmehr habe ich Gerichte mit komplizierten Zutaten abgewandelt, indem ich Zutaten wählte, die leicht erhältlich sind und die schmecken. Falls Ihnen eine bestimmte Zutat unbekannt ist, schlagen Sie auf Seite 20 nach. Fragen Sie doch auch einmal in Ihrem Reformhaus oder Naturkostladen nach.
- ▷ Bei allen Rezepten in diesem Buch handelt es sich im Prinzip um Hauptgerichte für 4 Personen, die als vollständiges Mittag- oder Abendessen serviert werden können (vielleicht runden Sie es noch mit einer Süßspeise ab). Auch die Desserts sind für 4 Personen berechnet. Der Appetit ist natürlich nicht bei jedem gleich groß, und wahrscheinlich sieht auch der übliche Speiseplan bei jedem anders aus. Falls Sie zusätzlich eine Suppe oder Vorspeise, Beilagen oder Salate reichen, werden von meinen Rezepten wahrscheinlich noch mehr Personen satt.
- ▷ Die handelsüblichen Tofublöcke haben unterschiedliche Gewichte, und auch selbstgemachter Tofu variiert im Gewicht. Deshalb habe ich bei den meisten Rezepten versucht, bei der Tofumenge eine Ober- und Untergrenze anzugeben, je nachdem, wie viel oder wie wenig Tofu bei den jeweiligen Rezepten vertretbar ist.

<u>Abkürzungen</u>

EL	Eßlöffel
TL	Teelöffel
g	Gramm
kg	Kilogramm
ml	Milliliter
l	Liter
cm	Zentimeter

* Mit Sternchen gekennzeichnete Rezepte sind Ergänzungen der Redaktion.

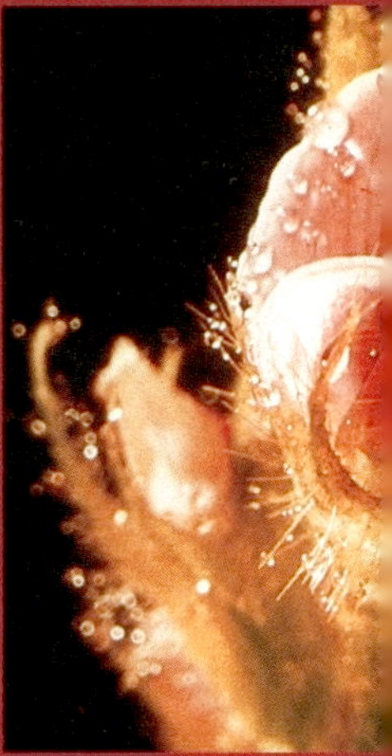

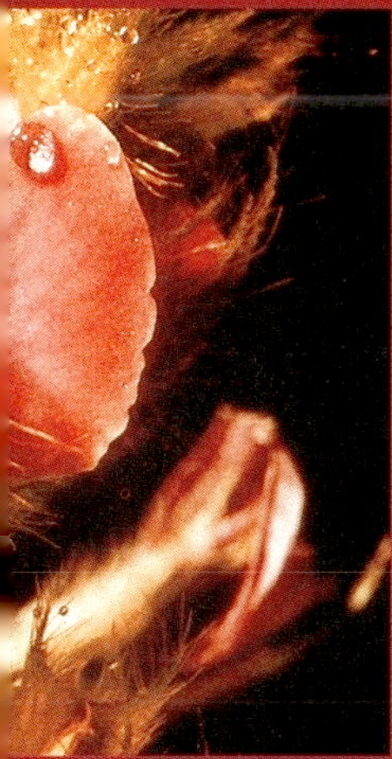

Internationale Rezepte

GEHALTVOLLE SALATE

Kartoffelsalat mit Tofu-»Mayonnaise«

Tofu-»Mayonnaise«
250–350 g mittelfester Tofu oder
1 Päckchen seidiger Morinaga-Tofu
1–2 EL Zitronensaft oder Apfelessig
2 EL Pflanzenöl, Meersalz
frisch gemahlener schwarzer Pfeffer

650–900 g Kartoffeln
1 große Zwiebel

Tofu, Zitronensaft oder Essig, Öl, Salz und Pfeffer in den Mixer geben und gut durchmixen.
Die Kartoffeln in der Schale kochen, falls gewünscht, schälen, in Scheiben schneiden. Die Zwiebel fein hacken. Die noch warmen Kartoffeln mit der Zwiebel und der Tofu-»Mayonnaise« vermengen. Vor dem Servieren kalt stellen.

Gemüse-Reis-Salat mit Miso-Dressing

350 g Naturreis
2 große oder 4–5 kleine Frühlingszwiebeln
1 große oder 2 kleine Knoblauchzehen
2 EL feingehackte Petersilie
½ TL Senfpulver
Saft von ½ Zitrone
4 EL Pflanzenöl
1 EL Apfelessig

Miso-Dressing
4 EL Pflanzenöl
2 EL Apfelessig
1 gehäufter EL Miso
2 EL Honig
3 EL Wasser

2 kleine oder 1 große Kartoffel
2 kleine oder 1 große Tomate
1 Selleriestange
75 g Weißkohl
100 g rote Bete
75 g Alfalfasprossen
100 g fester Tofu, in kleine Würfel geschnitten und fritiert (Seite 13)

Den Reis körnig kochen und erkalten lassen. Frühlingszwiebeln und Knoblauch fein hacken, mit der Petersilie, dem Senfpulver, Zitronensaft, Öl und Essig verrühren und über den Reis geben. Gut durchmischen, an einem kühlen Ort oder im Kühlschrank mindestens 1 Stunde durchziehen lassen.
Für das Dressing Öl und Essig mit dem Miso, Honig und Wasser in den Mixer geben und zu einer Marinade verschlagen. Beiseite stellen.
Die Kartoffeln weich kochen, abkühlen lassen. Tomaten, Selleriestange und Kartoffeln in Stücke schneiden, Weißkohl und rote Bete raspeln und mit den Sprossen und den Tofuwürfeln in eine große Schüssel geben. Das Miso-Dressing darübergießen und alles gut durchmischen. Das Gemüse auf einem Bett mariniertem Reis anrichten.

Reis-Bulghur-Salat mit Tofu-Dressing

170 g Naturreis
1 Zwiebel
2 EL Pflanzenöl
570 ml Gemüsebrühe
1–2 TL Sojasauce
2 Knoblauchzehen
110 g Bulghur (Hartweizengrütze)
2 EL Zitronensaft
Meersalz

Tofu-Dressing
350 g seidiger Morinaga-Tofu
2 EL Apfelessig
1 EL Sesamöl
2 EL Sojasauce
2 EL feingehackte Petersilie
3–4 Frühlingszwiebeln

Salatblätter zum Anrichten

Den Reis in einen fest schließenden Topf geben, mit kochendem Wasser übergießen und zudecken. Mehrere Stunden quellen lassen. Abgießen. Die Zwiebel fein hacken und im Öl leicht anbräunen. Den Reis einrühren, Brühe und Sojasauce zufügen, unter Rühren zum Kochen bringen, 10–15 Minuten leise köcheln lassen. Den Knoblauch zerdrücken. Bulghur, Zitronensaft, Knoblauch und Salz zum Reis geben und noch etwa 10 Minuten mitköcheln lassen, bis Reis und Bulghur weich sind und die ganze Flüssigkeit aufgenommen wurde.
Den Tofu mit Essig, Sesamöl, Sojasauce und Petersilie im Mixer zu einer sämigen Sauce verschlagen. Die Frühlingszwiebeln fein hacken und unterrühren. Das Tofu-Dressing über die Reis-Bulghur-Mischung gießen, gut umrühren. Abkühlen lassen, eventuell im Kühlschrank kalt stellen. Auf Salatblättern anrichten.

Reissalat mit Tofu und Paprika

280 g Naturreis
300–350 g mittelfester oder weicher Tofu oder 1 Päckchen seidiger Morinaga-Tofu
4 Frühlingszwiebeln
1 große grüne Paprikaschote
2 EL feingehackte Petersilie
4 EL Pflanzenöl
2 EL Zitronensaft oder Apfelessig
½ TL Knoblauchsalz
Salatblätter und Tomaten zum Garnieren

Den Reis weich kochen, abkühlen lassen und dann im Kühlschrank kalt stellen. Den Tofu zerdrücken, die Frühlingszwiebeln fein hacken, Paprika in schmale Streifchen schneiden. Diese Zutaten mit der Petersilie zum Reis geben und alles gut durchmischen. Öl, Zitronensaft oder Apfelessig mit Knoblauchsalz verrühren und unter den Reissalat ziehen. Auf Salatblättern anrichten und mit Tomatenscheiben garnieren.

Saftiger Reis-Mais-Salat

Foto

225 g Naturreis
1 grüne oder rote Paprikaschote
2 große oder 4–6 kleine Frühlingszwiebeln
8 schwarze Oliven, entsteint
1 400-g-Dose Mais
2 TL getrocknetes Basilikum (oder 2 EL gehacktes frisches Basilikum)
225 g fester Tofu
2 TL Sojasauce
½ TL Senfpulver
2 EL Apfelessig
2 EL Zitronensaft
4 EL Olivenöl
frisch gemahlener schwarzer Pfeffer
2 Tomaten
Salatblätter zum Anrichten

Den Reis weich kochen, erkalten lassen. Die Paprikaschote in Stücke, Frühlingszwiebeln und Oliven klein schneiden. Mit dem Mais und dem Basilikum unter den Reis mischen. Den Tofu in diese Mischung hineinbröckeln. In einem Schälchen Sojasauce, Senf, Essig, Zitronensaft, Öl und Pfeffer mit einer Gabel gut verschlagen. Über den Reissalat gießen und gründlich durchmischen. Mindestens 1 Stunde an einem kühlen Ort oder im Kühlschrank durchziehen lassen. Die Tomaten in Scheiben schneiden. Den Reis-Mais-Salat auf die Salatblätter häufen und mit den Tomatenscheiben garnieren.

Blumenkohl-Tofu-Salat mit Currysauce

225 g Naturreis
1 kleiner Blumenkohl
1 EL Pflanzenöl
1 EL Apfelessig

Currysauce
4 EL Tofu-»Mayonnaise« (Seite 28)
2 EL Sojamilch
1 EL Currypulver
Meersalz
frisch gemahlener schwarzer Pfeffer

250 g fester Tofu, gewürfelt und fritiert
2 kleine grüne Paprikaschoten
2 Selleriestangen
1 kleine Zwiebel
1 Kopfsalat

Den Reis körnig kochen und erkalten lassen. Den Blumenkohl waschen, trockentupfen und in kleine Röschen zerteilen. Öl, Essig und Blumenkohl über den Reis geben, gut durchmischen und beiseite stellen.
In einer großen Schüssel die Tofu-»Mayonnaise« mit der Sojamilch, Curry, Salz und Pfeffer verrühren. Die Tofuwürfel untermengen. Paprika in schmale Streifchen, Sellerie in Stücke schneiden, die Zwiebel fein hacken. Die Reis- und Tofumischung, Paprika, Sellerie und Zwiebel vorsichtig miteinander vermengen. Auf Salatblättern anrichten.

Cremiger Reissalat mit mariniertem Gemüse

280 g Naturreis
225 g grüne Bohnen, frisch oder tiefgefroren
2 mittelgroße Möhren
2 mittelgroße oder 3 kleine Zucchini
4–5 EL Olivenöl
2 EL Apfelessig
¼ TL Senfpulver
Meersalz
frisch gemahlener schwarzer Pfeffer
1 kleine Zwiebel
170 g mittelfester oder weicher Tofu
225 g dicker Sojajoghurt (Seite 21)
2 Knoblauchzehen
Saft von ½ Zitrone

Den Reis weich kochen und erkalten lassen. Die Bohnen in kleine Stücke schneiden und blanchieren, bis sie knapp weich sind. Abgießen. Möhren und Zucchini klein würfeln. Öl, Essig und Senfpulver mit etwas Salz und Pfeffer verrühren. Zwiebel klein schneiden und in die Marinade geben, ebenso die Bohnen, Möhren und Zucchini. Gut durchmischen, zudecken und mehrere Stunden im Kühlschrank durchziehen lassen.
Den Tofu mit dem Sojajoghurt, Knoblauch und Zitronensaft in den Mixer geben und gut durchmixen. Mit Salz und Pfeffer abschmecken. Die Creme unter den Reis mischen, dann auf eine Platte (oder Portionsteller) verteilen. Die marinierten Gemüse darauf anrichten.

Waldorfsalat mit Tofu*

2 Äpfel, gewürfelt
400 g fester Tofu, in Würfel geschnitten
2 TL Zitronensaft
1 kleine Sellerieknolle, grob geraspelt
60 g Walnüsse, grob gehackt
2 EL Sesamsamen, trocken geröstet
30 g Rosinen
1 EL Rohzucker
120 g Sojajoghurt (Seite 21)
3 EL Tofu-»Myonnaise« (Seite 28)
frisch gemahlener schwarzer Pfeffer
etwas Sojamilch nach Bedarf
Salatblätter zum Servieren

Die Äpfel- und Tofuwürfel mit dem Zitronensaft beträufeln, vorsichtig vermischen. Sellerie, Walnüsse, Sesamsamen und Rosinen zugeben, gut untermischen.
Für die Sauce Rohzucker, Sojajoghurt und Tofu-»Mayonnaise« in den Mixer geben, Pfeffer darübermahlen und glatt pürieren. Nach Bedarf mit etwas Sojamilch flüssiger machen. Die Sauce unter den Salat ziehen, bis alle Zutaten davon überzogen sind. Auf Salatblättern anrichten.

SAUCEN

Bearner Sauce mit Tofu*

¼–½ TL Estragon
1 EL feingehackte Zwiebel
5 TL Weinessig
100 g fester oder mittelfester Tofu, zerdrückt
½ TL Dijonsenf
1 EL Zitronensaft
frisch gemahlener schwarzer Pfeffer
Wasser nach Bedarf
100 g Pflanzenmargarine, zerlassen, oder 120 ml Pflanzenöl

Estragon im Mörser zu Pulver zerreiben. In einem kleinen Topf mit der Zwiebel und dem Essig vermengen und köcheln lassen, bis der größte Teil des Essigs verdampft ist.
Diese Gewürzmischung mit Tofu, Senf, Zitronensaft und Pfeffer in den Mixer geben und bei höchster Stufe glatt pürieren, dabei so viel Wasser zufügen, daß sich die Masse gerade verarbeiten läßt. Die abgekühlte Margarine zunächst tropfenweise zugeben, dann in dünnem Strahl einfließen lassen, dabei das Gerät weiterlaufen lassen. Ist die Hälfte der Margarine aufgenommen, die Sauce abschmecken und eventuell nachwürzen. Dann die restliche Margarine einrühren. Im Wasserbad vorsichtig erwärmen (Raumtemperatur genügt) und anschließend sofort servieren.

Holländische Sauce mit Tofu*

Foto

100 g fester oder mittelfester Tofu, zerdrückt
1 EL Zitronensaft
etwas Wasser oder Sojamilch
100 g Pflanzenmargarine, zerlassen, oder 120 ml Pflanzenöl

Tofu, Zitronensaft und etwas Wasser in den Mixer geben und auf höchster Stufe glatt pürieren. Nur so viel Wasser zufügen, daß sich die Masse gerade verarbeiten läßt. Eventuell mit noch etwas Zitronensaft abschmecken. Nach und nach die abgekühlte Margarine oder das Öl einfließen lassen, dabei das Gerät auf höchster Stufe laufen lassen. Dann noch etwa 1 Minute weitermixen. Nun die Sauce auf ein Wasserbad setzen und unter Rühren heiß werden lassen. Achten Sie darauf, daß das Wasser nicht kocht. Sobald die ersten Blasen aufsteigen, die Hitze herunterschalten.
Falls die Sauce zum Kochen kommt, passiert dasselbe wie bei der traditionellen Hollandaise: sie gerinnt. Retten läßt sie sich wie folgt: 1 EL Weizenvollkornmehl mit 4–6 EL der heißen Sauce verrühren, unter die geronnene Sauce schlagen und etwa 1 Minute köcheln lassen. In den Mixer gießen und das Gerät laufen lassen, bis die Sauce wieder glatt ist. Sofort servieren, nicht mehr erhitzen.

Holländische Sauce mit Tofu

Grundsauce für Süßspeisen

French Dressing*

120 ml Weinessig
350 ml Pflanzenöl
3 EL Zitronensaft
2 EL Wasser
1 TL Rohzucker
1 TL Paprikapulver
Salz
frisch gemahlener schwarzer Pfeffer
3 EL fester oder mittelfester Tofu
½ Knoblauchzehe

Sämtliche Zutaten in den Mixer geben und zu einer glatten Sauce verrühren. In eine Flasche oder ein großes Schraubglas füllen und im Kühlschrank aufbewahren. Vor Gebrauch gut schütteln.

Kalorienarme Salatsauce*

100 g fester oder mittelfester Tofu, zerdrückt
120 g Sojajoghurt (Seite 21)
frisch gemahlener schwarzer Pfeffer
60 ml Pflanzenöl oder weniger
½–1 TL Senf
Wasser oder Sojamilch nach Bedarf
3 EL Chilisauce
3 TL feingehackte saure Gürkchen

Tofu, Sojajoghurt, Pfeffer, Öl und Senf in den Mixer geben und glatt pürieren. Falls die Sauce zu dick wird, mit etwas Wasser oder Sojamilch verdünnen. Mit Chilisauce würzen, die Gurkenstückchen unterrühren. Im Kühlschrank aufbewahren.

Sesam-Dressing*

4 EL Tahin (Sesampaste)
4 EL fester oder mittelfester Tofu
2 EL Pflanzenöl
Saft von ½ Zitrone oder 2 EL Essig
Salz, frisch gemahlener schwarzer Pfeffer
Wasser nach Bedarf

Sämtliche Zutaten in den Mixer geben und zu einer glatten Sauce verrühren. Wenn dieses Dressing verwendet wird, kann der Salat zusätzlich mit trocken gerösteten Sesamsamen bestreut werden.

Tomatensauce mit Tofu*

200 g Tomaten, klein geschnitten
150 ml Gemüsebrühe
2 EL feingehackte Zwiebel
2 EL feingehackter Sellerie
2 EL feingehackte Petersilie
1 TL Zitronensaft
1 TL Worcestersauce
frisch gemahlener schwarzer Pfeffer
1 TL frische, feingehackte Basilikumblättchen
50 g fester oder mittelfester Tofu

Sämtliche Zutaten bis auf den Tofu in einen Topf geben und köcheln lassen, bis die Gemüse weich sind. Den Tofu in den Mixer bröckeln, die Sauce darübergießen, das Gerät einschalten und alles schnell verrühren. Durch ein Sieb streichen und sofort servieren.

Tomaten-Vinaigrette*

60 ml Pflanzenöl
2 EL Weinessig
60 ml Wasser
1 kleine Zwiebel
½ TL Basilikum oder Origano
40 g fester oder mittelfester Tofu, zerdrückt, Salz
frisch gemahlener schwarzer Pfeffer
200 g Tomaten, enthäutet und klein geschnitten oder gedünstet

Sämtliche Zutaten bis auf die Tomaten in den Mixer geben und zu einer glatten Sauce verrühren. Aus den Tomaten soviel Saft wie möglich herauspressen und in den Mixer gießen, gut unterschlagen, die Sauce abschmecken. In ein Schraubglas gießen und die verbliebenen Tomatenstückchen zufügen. Gut schütteln, vor Gebrauch mehrere Stunden durchziehen lassen.

Tofucreme für Rohkost*

300 g mittelfester Tofu
2 EL Pflanzenöl
Salz, frisch gemahlener Pfeffer

Alle Zutaten in den Mixer geben und gründlich durchmixen. Schmeckt am besten gut gekühlt.

Variation
Mischen Sie frisch geriebene Ingwerwurzel oder Meerrettich unter die Creme.

Tofu-Dip mit Kräutern*

225 g fester Tofu, zerdrückt
200 ml Sojajoghurt, Salz
je 1 EL feingehackte Petersilie, Schnittlauch und Kresse
1 EL feingewiegte Zwiebel

Tofu und Sojajoghurt in den Mixer geben, Salz zufügen und alles glatt mixen. In eine Schüssel umfüllen, Kräuter und Zwiebel unterrühren.

Hinweis
Dieser Dip wird »runder«, wenn ca. 100 g Doppelrahmfrischkäse oder Crème fraîche untergemixt werden.

Grundsauce für Süßspeisen*

Foto Seite 35

180 g Sojajoghurt (Seite 21)
150 g fester oder mittelfester Tofu
3 EL Rohzucker

Alle Zutaten in den Mixer geben und zu einer glatten Sauce verschlagen. Durchziehen lassen, also rechtzeitig zubereiten, am besten am Vortag, und im Kühlschrank aufbewahren.

Hinweis
Diese Sauce können Sie ganz nach Ihrem persönlichen Geschmack variieren, z.B. mit Vanille, Zimt, frischen Fruchtpürees, Nüssen oder Nußcremes. Durch Zugabe von Sojamilch können Sie die Konsistenz selbst bestimmen.

HAUPTGERICHTE

Tofu kreolisch

450 g fester Tofu
2 kleine oder 1 große Zwiebel
1 grüne Paprikaschote
50 g Pflanzenmargarine
6 EL Weizenvollkornmehl
2 400-g-Dosen geschälte Tomaten
2 TL getrockneter Rosmarin
2 TL Thymian
2 TL Origano
Meersalz
frisch gemahlener schwarzer Pfeffer
2 TL Rohzucker

Den Tofu würfeln und fritieren, bis er ringsum schön gebräunt ist. Gut abtropfen lassen. Zwiebel und Paprika fein hacken, in der Margarine bei mäßiger Hitze einige Minuten andünsten, bis die Gemüse weich sind. Das Mehl einrühren. Nach und nach die Tomaten zugeben, dabei mit dem Kochlöffel grob zerteilen. Mit den Kräutern und Gewürzen abschmecken. 10–15 Minuten köcheln lassen, bis die Sauce dick geworden und sich das Aroma aller Zutaten schön verbunden hat. Die Tofuwürfel in die Sauce geben und noch 5 Minuten mitköcheln lassen. Zu Naturreis oder Nudeln reichen.

Pikanter Tofukuchen vom Blech

Foto

170 g Rundkorn-Naturreis
350 g fester Tofu
250 ml Sojamilch
2 EL Sojamehl
2 TL Meersalz
2 Zwiebeln
2 EL Pflanzenöl
2 Möhren
1 400-g-Dose Kidneybohnen (oder 125 g getrocknete Kidneybohnen, eingeweicht und gekocht)
2 TL getrockneter Rosmarin

Den Reis weich kochen und beiseite stellen. Den Tofu zerdrücken, Sojamilch, Sojamehl und Salz zugeben und gut vermischen. Die Zwiebeln fein hacken, im Öl weich dünsten, dabei nicht bräunen lassen, und zur Tofumasse geben. Die Möhren fein raspeln, Kidneybohnen abgießen. Möhren und Bohnen ebenfalls zur Tofumasse geben, Reis und Rosmarin zufügen, alles gründlich vermengen. Die Masse auf einem geölten Backblech verteilen. Bei 190 °C etwa 25 Minuten backen, bis die Oberfläche leicht gebräunt ist. Kurz abkühlen lassen, dann in Portionsstükke schneiden.

Überbackene Tofu-Kasserolle

85 g Pflanzenmargarine
4 EL Weizenvollkornmehl
470 ml Sojamilch
400–450 g fester Tofu
1 mittelgroße Zwiebel
1 grüne Paprikaschote
2 EL Pflanzenöl
2 TL Currypulver
1 400-g-Dose geschälte Tomaten
Meersalz
50 g Vollkornbrösel
weitere Margarine nach Belieben

Zwei Drittel der Margarine in einem Topf erhitzen. Das Mehl einrühren, etwa 2 Minuten anrösten und dann langsam und unter ständigem Rühren die Sojamilch zugießen. Die Sauce aufkochen lassen und so lange rühren, bis sie andickt. Beiseite stellen. Den Tofu würfeln, in der restlichen Margarine goldbraun anbraten und ebenfalls beiseite stellen. Zwiebel und Paprika klein schneiden und im Pflanzenöl weich dünsten. Currypulver zufügen und kurz umrühren. Die Tomaten zugeben, etwa 10 Minuten köcheln lassen, dabei gelegentlich umrühren. Die Tomaten-Paprika-Mischung und die Tofuwürfel unter die weiße Sauce rühren, mit Salz abschmecken. In eine ofenfeste, eingefettete Form füllen und mit Vollkornbröseln bestreuen. Falls gewünscht, Margarineflöckchen darüber verteilen. Bei 180 °C etwa 15 Minuten überbacken.

Überbackene Gemüse mit Tofukruste

450 g tiefgefrorener, gehackter Blattspinat (oder frischer Spinat)
350 g Weißkohl
2 Stangen Lauch
4 EL Pflanzenöl
4 kleine oder 3 größere Zucchini
2 Knoblauchzehen
Meersalz
550–650 g abgewandelter japanischer Tofu oder mittelfester Tofu
3 EL Tahin (Sesampaste)
Saft von 1 Zitrone
3 TL Sojasauce
4 EL Sojajoghurt (Seite 21)
½ TL Cayennepfeffer (nach Belieben)
50–60 g frische Vollkornbrösel

Den Spinat garen (frischen Spinat nach dem Dünsten hacken). Weißkohl hobeln, Lauch in feine Ringe schneiden. Das Öl in einem Wok oder einer großen Pfanne erhitzen, Kohl und Lauch 1–2 Minuten unter Rühren anbraten, dann zudecken, die Hitze herunterschalten und die Gemüse noch 4–5 Minuten dünsten. Die Zucchini klein schneiden, Knoblauch zerdrücken. Beides in den Wok geben und unter Rühren weitere 4–5 Minuten braten. Den Spinat untermischen, mit Salz abschmecken.
Tofu, Tahin, Zitronensaft, Sojasauce, Sojajoghurt und – falls gewünscht – Cayennepfeffer in den Mixer geben und zu einer glatten Sauce vermi-

schen. Die Gemüse in eine geölte, ofenfeste Form füllen und mit der Tofusauce übergießen. Mit den Vollkornbröseln bestreuen und bei 180 °C etwa 35 Minuten überbacken. Dazu schmecken gekochte Kartoffeln, Röstkartoffeln oder im Ofen gebackene Kartoffeln.

Tofu-Gemüse-Auflauf auf Bulghur

1 Zwiebel
4 Selleriestangen
2 EL Pflanzenöl
1 EL feingehackte Petersilie
280 g weicher Tofu oder
1 Päckchen seidiger Morinaga-Tofu
150 ml Tomatensaft
80 g Walnüsse
50 g frische Vollkornbrösel
2 EL Instant-Kartoffelbrei (Reformhaus)
1 TL Zitronensaft
½ TL Thymian
225 g Bulghur (Hartweizengrütze)
Meersalz

Zwiebel und Sellerie klein schneiden. In dem Öl weich dünsten, aber nicht anbräunen lassen. Petersilie zufügen. Den Tofu zerdrücken und mit dem Tomatensaft verrühren. Die Nüsse fein hacken, mit den Vollkornbröseln und dem Instant-Kartoffelbrei zur Tofumischung geben, gut umrühren. Die weichgedünsteten Gemüse, Zitronensaft und Thymian zufügen und gut durchmischen. In eine geölte, ofenfeste Form füllen. Bei 180 °C etwa 40 Minuten backen.
Inzwischen den Bulghur mit etwas Meersalz weich kochen (die dreifache Menge Wasser wie Bulghur nehmen). Den Tofu-Gemüse-Auflauf über dem Bulghur anrichten.

Tofu à la king

Foto Seite 42

100 g Champignons
½ grüne Paprikaschote
350 g fester Tofu
100 g Pflanzenmargarine
40 g Weizenvollkornmehl
420 ml Sojamilch
Meersalz
frisch gemahlener schwarzer Pfeffer
Paprikapulver oder Muskat

Champignons blättrig, Paprika klein schneiden, Tofu würfeln. Die Margarine erhitzen, Champignons und Paprika darin weich dünsten. Das Mehl unterrühren und 2–3 Minuten mitdünsten lassen. Nach und nach die Sojamilch in kleinen Mengen zugießen, dabei ständig rühren. Zum Kochen bringen und weiterrühren, bis die Sauce andickt. Die Tofuwürfel zugeben, mit den Gewürzen abschmecken. Zu Toast oder Nudeln servieren.

Tofu à la king

Tofu-Gemüse-Auflauf
mit Kartoffelkruste

Kartoffel-Tofu-Auflauf mit Ingwer

650 g Kartoffeln
50 g Sesamsamen
250 g fester Tofu
120 ml Sojamilch
2 TL Apfelessig
1 Zwiebel
3–5 cm frische Ingwerwurzel
80 g Cashewkerne, grob gehackt
Meersalz

Die Kartoffeln schälen, kochen, abkühlen lassen und stampfen, beiseite stellen. Sesamsamen mahlen oder im Mörser zerstoßen und ebenfalls beiseite stellen. Tofu, Sojamilch und Essig in den Mixer geben und zu einer glatten Masse pürieren. Zwiebel und Ingwer hacken, zum Tofu in den Mixer geben und das Gerät nochmals laufen lassen. Die Tofumasse mit dem Sesam und den Cashewkernen zu den zerstampften Kartoffeln geben, alles gut vermischen, mit Salz abschmekken. In eine geölte, ofenfeste Form füllen und bei 180 °C etwa 1 Stunde überbacken, bis der Auflauf oben leicht gebräunt ist.

Tofu-Gemüse-Auflauf mit Kartoffelkruste

Foto Seite 43

1 Zwiebel
2 EL Pflanzenöl
100 g Champignons
1 grüne Paprikaschote
2 Möhren
1 400-g-Dose geschälte Tomaten
1 Lorbeerblatt
½ TL Basilikum
450 g mittelfester oder fester Tofu
450 g Kartoffelbrei (wie Seite 46)

Die Zwiebel hacken und im Öl knapp weich dünsten. Champignons, Paprika und Möhren klein schneiden, zur Zwiebel geben, gut umrühren. Tomaten, Lorbeerblatt und Basilikum zufügen und zugedeckt etwa 10 Minuten köcheln lassen. Den Tofu hineinbröckeln und weitere 5 Minuten köcheln lassen. In eine gefettete, ofenfeste Form füllen, den Kartoffelbrei darüberstreichen. Bei 190 °C etwa 15–20 Minuten überbacken, bis die Oberfläche leicht gebräunt ist.

Paprika-Tofu-Auflauf

350 g fester Tofu
2 mittelgroße grüne Paprikaschoten
1 Knoblauchzehe
450 g Tomaten
1 TL Tabasco
4–6 EL dicker Sojajoghurt (Seite 21)
2 TL Paprikapulver
Meersalz

Tofu in ein Geschirrtuch wickeln und soviel Flüssigkeit wie möglich herausdrücken. Den trockenen Tofu in eine große Schüssel bröckeln. Paprika in kleine Stücke schneiden, Knoblauch fein hacken, Tomaten grob würfeln. Die Gemüse zusammen mit den restlichen Zutaten ebenfalls in die Schüssel geben und mit dem Tofu vermengen. In eine ofenfeste Form füllen und bei 200 °C etwa 20 Minuten überbakken. Dazu Vollkorntoast reichen.

Blumenkohlauflauf

1 großer Blumenkohl
2 Zwiebeln
2 EL Pflanzenöl
250–350 g mittelfester Tofu oder abgewandelter japanischer Tofu
4 EL Sojajoghurt (Seite 21)
4 EL Tahin (Sesampaste)
Saft von 1 Zitrone
6–8 EL pikante Kleie-Snacks (Reformhaus)
170 g frische Vollkornbrösel
1 Prise Muskat
Meersalz
2 EL feingehackte Petersilie

Den Blumenkohl waschen, in Röschen zerteilen und weich kochen. Abtropfen lassen und zerdrücken. Die Zwiebeln hacken und in dem Öl weich dünsten, nicht anbräunen lassen. Tofu, Joghurt, Tahin und Zitronensaft in den Mixer geben, zu einer glatten Sauce pürieren. Die Kleie-Snacks grob zerbröckeln, mit den Vollkornbröseln unter die Tofumischung rühren, Blumenkohl und Zwiebeln zufügen. Die Masse mit Muskat und Salz würzen, zuletzt die Petersilie zugeben. In eine geölte, ofenfeste Form füllen, bei 190 °C etwa 1 Stunde überbacken. Dazu schmecken Bratkartoffeln oder Röstkartoffeln.

Lauch-Tofu-Quiche

2 große Stangen Lauch
25 g Pflanzenmargarine
450–650 g mittelfester Tofu oder abgewandelter japanischer Tofu
2 EL Zitronensaft
1 TL Knoblauchsalz
frisch gemahlener schwarzer Pfeffer
Vollkorn-Mürbeteig, aus 200 g Weizenvollkornmehl, 80–110 g Pflanzenfett und Wasser geknetet

Den Lauch waschen und in Ringe schneiden. In der Margarine 3–4 Minuten unter Rühren andünsten. Den Tofu in einer Schüssel zerdrücken. Zitronensaft, Knoblauchsalz und Pfeffer unterrühren. Den angedünsteten Lauch zufügen und alles gut vermischen. Den Mürbeteig ausrollen und eine Pieform damit auskleiden. Die Lauch-Tofu-Füllung hineingeben. Bei 200 °C etwa 30 Minuten backen, bis die Füllung fest und der Teig leicht gebräunt ist. Dazu einen grünen Salat servieren.

Spaghetti-Tofu-Gratin

Foto

3 EL Pflanzenmargarine
2 EL Weizenvollkornmehl
250 ml Sojamilch
½ TL Selleriesalz
1 TL Zitronensaft
2 EL feingehackte Petersilie
225 g fester Tofu
225 g Vollkornspaghetti
170 g Champignons
1 kleine oder ½ große grüne Paprikaschote
80 g Mandeln, blanchiert und in Blättchen geschnitten
50 g frische Vollkornbrösel

2 EL Margarine in einem größeren Topf erhitzen und das Mehl darin anschwitzen. Nach und nach die Sojamilch zugießen, dabei ständig rühren, bis die Sauce angedickt ist. Selleriesalz, Zitronensaft und Petersilie zufügen. Den Tofu hineinbröckeln, gut umrühren.
Die Spaghetti kochen, abgießen und beiseite stellen. Die Champignons klein schneiden und in der restlichen Margarine weich dünsten. Paprika fein hacken. Champignons, Paprika und Mandelblättchen in die Tofusauce rühren, die Spaghetti zugeben, alles gut vermischen. In eine geölte, ofenfeste Form füllen, mit Vollkornbröseln bestreuen. Bei 190 °C etwa 20 Minuten gratinieren, bis die Oberfläche leicht gebräunt ist.

Schneller Tofu-Auflauf mit Kartoffelkruste

Kartoffelbrei, zubereitet aus 450 g gekochten Kartoffeln (oder der entsprechenden Menge Instant-Kartoffelbrei aus dem Reformhaus), Sojamilch und Pflanzenmargarine, mit Meersalz und frisch gemahlenem Pfeffer abgeschmeckt
2 Zwiebeln
4 EL Pflanzenöl
3 EL Weizenvollkornmehl
280 ml Wasser
1 EL Hefeextrakt
450 g mittelfester Tofu

Den Kartoffelbrei zubereiten.
Die Zwiebeln hacken, das Öl in einem Topf erhitzen und die Zwiebeln darin goldgelb braten. Das Mehl unterrühren, dann nach und nach unter ständigem Rühren das Wasser zugießen. Wenn die Sauce aufkocht und dick wird, die Hitze herunterschalten und den Hefeextrakt unterrühren. Den Tofu in die Sauce bröckeln und gut untermischen. In eine geölte, ofenfeste Form füllen, den Kartoffelbrei darüberstreichen. Bei 190 °C etwa 15–20 Minuten überbacken, bis die Oberfläche leicht gebräunt ist.

Tofu-Pie mit Kartoffeln und Wasserkastanien

Vollkorn-Mürbeteig, aus 250 g Weizenvollkornmehl, 110–140 g Pflanzenfett und Wasser geknetet
225 g Kartoffeln
2 kleine Möhren
100 g Erbsen, frisch oder tiefgefroren
100 g Wasserkastanien (Dose)
450 g fester Tofu
4 EL Pflanzenöl
Sojasauce
5 EL Weizenvollkornmehl
550 ml Wasser
1 Päckchen Saucenpulver auf Miso-Basis (oder ein anderes Saucenpulver aus dem Reformhaus)

Ein Drittel vom Teig für den Pie-Deckel beiseite stellen. Den restlichen Teig ausrollen und eine Pieform damit auskleiden. Mit einer Gabel mehrmals einstechen, bei 200 °C etwa 10 Minuten vorbacken.
Kartoffeln und Möhren fein würfeln, zusammen mit den Erbsen knapp weich dünsten. Die Wasserkastanien grob hacken. Den Tofu würfeln, in 1 EL Öl anbraten, bis die Würfel ringsum gebräunt sind. In eine Schüssel geben und mit Sojasauce beträufeln, gut durchmischen. Das restliche Öl erhitzen, das Mehl darin anschwitzen, nach und nach das Wasser zugießen und dabei ständig rühren, damit sich keine Klümpchen bilden. Sobald die Sauce zu kochen beginnt, das Saucenpulver einstreuen und gut umrühren.
Die gedämpften Gemüse, die Tofuwürfel und die Sauce miteinander vermengen und auf den vorgebackenen Teig füllen. Aus dem restlichen Teig einen Deckel ausrollen, daraufsetzen und an den Rändern festdrücken, die Oberfläche mit einer Gabel mehrmals einstechen. Bei 190 °C noch etwa 30 Minuten backen, bis der Teig durchgebacken und leicht gebräunt ist.

Tofu-Pie mit Gemüse und Kräutern

Vollkorn-Mürbeteig, aus 250 g Weizenvollkornmehl, 110–140 g Pflanzenfett und Wasser geknetet
450 g fester Tofu
50 g Weizenvollkornmehl, dazu weitere 3 EL
2 TL Knoblauchsalz
6 EL Pflanzenöl
2 kleine Möhren
3 Selleriestangen
1 große Zwiebel
110 g Erbsen, frisch oder tiefgefroren
420 ml Sojamilch
Meersalz
frisch gemahlener schwarzer Pfeffer
1 TL Salbei
½ TL Thymian
1 TL Paprikapulver

Ein Drittel vom Teig für den Deckel beiseite stellen. Den restlichen Teig

ausrollen, eine Pieform damit auskleiden und mehrmals mit einer Gabel einstechen. Bei 200 °C etwa 10 Minuten vorbacken.
Den Tofu würfeln. 50 g Mehl mit Knoblauchsalz vermischen. Die Tofuwürfel in dieser Mischung wälzen. 4 EL Öl erhitzen und die eingemehlten Tofuwürfel bei mittlerer Hitze unter häufigem Wenden ringsum anbräunen. Möhren, Sellerie und Zwiebel hacken und zu den Tofuwürfeln geben. Unter Rühren braten, bis die Gemüse knapp weich sind. Die Erbsen zufügen und weitere 1–2 Minuten braten.
Das restliche Öl in einem Topf erhitzen. Langsam 3 EL Mehl einrühren, dann nach und nach die Sojamilch zugießen und dabei ständig rühren, damit sich keine Klümpchen bilden. Aufkochen lassen, dann mit Salz, Pfeffer, Salbei, Thymian und Paprikapulver würzen. Die Sauce über die Tofu-Gemüsemischung gießen, alles gut vermengen und auf den vorgebackenen Pieteig füllen. Aus dem restlichen Teig den Deckel ausrollen, darüberlegen, an den Rändern festdrücken und die Oberfläche mehrmals mit der Gabel einstechen. Bei 190 °C noch etwa 30 Minuten backen.

Toast mit Champignons und Tofu

Foto Seite 50/51

100 g Pflanzenmargarine
50 g Sojamehl
1½–2 TL Hefeextrakt
1 Zwiebel
350 g Champignons
100 g Erbsen, frisch oder tiefgefroren
225 g fester Tofu
Vollkorntoast

Drei Viertel der Margarine zerlassen. Vom Herd nehmen, Sojamehl und Hefeextrakt einrühren. Auf einen eingeölten Teller gießen und erkalten lassen, dann im Kühlschrank erstarren lassen. Die Zwiebel hacken. Die restliche Margarine in einer großen Pfanne erhitzen und die Zwiebel darin knapp weich braten. Die Champignons blättrig schneiden und zu der Zwiebel in die Pfanne geben. 2–3 Minuten unter Rühren braten, dann die Erbsen zufügen und noch ein paar Minuten weiterbraten. Den Tofu hineinbröckeln und 3–4 Minuten mitbraten lassen. Die erstarrte Margarine-Mehl-Masse in Stückchen schneiden und mit in die Pfanne geben, dabei gut umrühren. Noch 2–3 Minuten köcheln lassen. Auf Vollkorntoast anrichten.

Toast mit
Champignons
und Tofu

Teigtaschen mit Tofu-Spinat-Füllung

Teig
280 g Weizenvollkornmehl
1 kleine Prise Meersalz
140 g Pflanzenmargarine
Wasser nach Bedarf

Füllung
225 g Spinat, frisch oder tiefgefroren
1 Zwiebel
2 EL Pflanzenöl
100 g Champignons
3 EL Sesamsamen
1–2 EL Sojasauce
350–450 g mittelfester oder fester Tofu

Das Mehl in eine Schüssel geben, Salz zufügen. Die Margarine in kleinen Stücken zugeben, mit den Fingerspitzen, einer Gabel oder mit den Knethaken des Rührgeräts untermengen. So viel Wasser einarbeiten, daß ein fester, aber nicht trokkener Teig entsteht. Ist der Teig noch etwas klebrig, braucht man beim Ausrollen noch etwas Mehl zusätzlich. Das ist aber besser als ein zu trockener Teig; denn ein Teig, der noch etwas feuchter ist, ergibt ein leichteres Gebäck. Den Teig ausrollen und in Quadrate schneiden: 4 große, 8 mittelgroße oder 16 kleine.
Für die Füllung den Spinat weich dämpfen und hacken. Die Zwiebeln ebenfalls hacken und im Öl weich dünsten. Die Champignons klein schneiden, zur Zwiebel geben und weitere 3–4 Minuten dünsten. Sesamsamen rösten, zur Zwiebel-Champignon-Mischung geben, dann den gehackten Spinat und die Sojasauce zufügen. Den Tofu hineinbröckeln und alles gut vermischen. Die Füllung gleichmäßig auf die Teigquadrate verteilen, die Quadrate zu Dreiecken zusammenklappen und die Ränder fest zusammendrücken. Auf leicht eingeölte Backbleche setzen und mit der Gabel oben mehrmals einstechen. Bei 200 °C etwa 15 Minuten backen, bis die Teigtaschen goldbraun sind. Sofort servieren.

Gefüllte Auberginen

2 große oder 4 kleine Auberginen
Meersalz
4 EL Olivenöl
1 Zwiebel
1 Knoblauchzehe
350 g Champignons
25 g Pflanzenmargarine
frisch gemahlener schwarzer Pfeffer
170 g fester Tofu
2 EL feingehackte Petersilie
½ TL getrockneter Thymian
1 400-g-Dose geschälte Tomaten
1–2 TL Basilikum oder Majoran

Die Auberginen der Länge nach halbieren. Das Fruchtfleisch mit einem scharfen Messer bis ½ cm von der Schale entfernt einschneiden.

Die Schnittflächen mit Meersalz bestreuen, dann die Auberginen mit der Schnittfläche nach unten auf ein Geschirrtuch legen und 30 Minuten abtropfen lassen. Anschließend die Auberginen abspülen und so viel Flüssigkeit wie möglich herausdrükken; trockentupfen. Mit der Schale nach unten auf ein Backblech setzen, jede Hälfte mit 1 TL Olivenöl beträufeln. Bei Mittelhitze unter den Grill schieben und etwa 10 Minuten grillen, bis das Fruchtfleisch weich ist. Das Fleisch mit einem Eßlöffel aus den Auberginen herauslösen, dabei die Schale nicht verletzen, grob hacken und beiseite stellen. Die Zwiebel fein hacken, den Knoblauch zerdrücken. Das restliche Olivenöl in einer großen Pfanne bei Mittelhitze heiß werden lassen, Zwiebel und Knoblauch darin einige Minuten andünsten, bis die Zwiebel weich, aber nicht gebräunt ist. Die Champignons hacken. Die Margarine in die Pfanne geben, und, sobald sie geschmolzen ist, die Champignons zufügen und schmoren, bis sie weich sind. Die Pfanne vom Herd nehmen, das gehackte Auberginenfleisch unterrühren, mit Pfeffer abschmecken. Den Tofu hineinbröckeln, mit Petersilie und Thymian würzen. Alles gut vermischen. Die Füllung in die Auberginenschalen geben, auf ein geöltes Blech setzen und mit Alufolie möglichst luftdicht abdecken. Bei 200 °C etwa 25 Minuten backen. Alufolie abnehmen, die Auberginen weitere 5 Minuten überbacken.

Inzwischen die Tomaten mit Basilikum oder Majoran im Mixer zu einer glatten Sauce pürieren und in einem kleinen Topf erhitzen. Vor dem Servieren die Sauce über die Auberginen gießen. Dazu schmeckt ein knackiger Salat.

Tofu-Braten

1 Zwiebel
2 EL Pflanzenöl
150 g Naturreis
150 g rote Linsen
2 TL Hefeextrakt
50 g frische Vollkornbrösel
225 g mittelfester oder fester Tofu
1 200-g-Dose geschälte Tomaten

Die Zwiebel fein hacken und im Öl hellbraun rösten. Reis und Linsen weich kochen, abtropfen lassen und zu der Zwiebel geben. Hefeextrakt und Brösel zufügen. Den Tofu zerbröckeln oder mit einer Gabel zerdrücken und ebenfalls zugeben. Die Tomaten pürieren und nach und nach mit der Tofumischung vermengen. Die Masse sollte feucht werden, dabei aber fest bleiben; falls sie zu weich zu werden droht, nicht das gesamte Tomatenpüree untermischen. Die Masse in eine Kastenform füllen und bei 180 °C etwa 40 Minuten backen, bis die Oberfläche schön gebräunt ist. Dazu Sauce und Gemüse reichen.

Tofuburger

Foto

2 Zwiebeln
2 Selleriestangen
2 EL Pflanzenöl, dazu weiteres Öl zum Braten
450–650 g fester Tofu
110 g Haferflocken
2 EL Sojasauce
1 TL Knoblauchsalz
4 Vollkornbrötchen
Tomatenketchup

Zwiebeln und Sellerie fein hacken, in 2 EL Öl goldgelb rösten. Den Tofu in einer Schüssel zerbröckeln und mit einer Gabel zerdrücken. Haferflocken, Sojasauce, Knoblauchsalz und die angerösteten Zwiebel- und Selleriestückchen zufügen. Gut vermischen und von Hand durchkneten. Brätlinge formen und in Öl anbraten, bis beide Seiten schön gebräunt sind.
Die Vollkornbrötchen aufschneiden, die Tofu-Brätlinge auf die untere Hälfte legen, mit einem Klacks Tomatenketchup bestreichen und die obere Brötchenhälfte aufdrücken. Oder die Tofu-Brätlinge mit Sauce und Gemüse servieren.

Internationale Rezepte

Gemüsereis mit pikanter Sauce

340 g Naturreis
1 Zwiebel
1 große grüne Paprikaschote
2 Selleriestangen
100 g Pflanzenmargarine
100 g Champignons
Gemüsebrühe nach Bedarf
Meersalz
350–450 g fester Tofu
50 g Weizenvollkornmehl
280 ml Wasser
4 EL Tomatenmark
1–2 TL Senf

Den Reis mit kochendem Wasser übergießen, mehrere Stunden quellen lassen, abgießen und beiseite stellen. Zwiebel, Paprika und Sellerie hacken. In einem Topf ein Viertel der Margarine erhitzen, Zwiebel, Paprika und Sellerie darin etwa 5 Minuten dünsten, gelegentlich umrühren. Die Champignons klein schneiden und mit dem Reis zu den Gemüsen in den Topf geben. Alles zusammen 3–4 Minuten anbraten, dann so viel Brühe zugießen, daß die Zutaten bedeckt sind, leicht salzen. Zum Kochen bringen, zugedeckt köcheln lassen, bis der Reis weich ist.
Inzwischen den Tofu würfeln und in einem weiteren Viertel der Margarine einige Minuten lang braten. Dabei ständig wenden, so daß die Würfel ringsum goldgelb werden. Den Tofu aus der Pfanne heben und beiseite stellen.
Die restliche Margarine erhitzen und das Mehl einrühren. Etwa 2 Minuten lang anrösten, dann nach und nach unter ständigem Rühren das Wasser zugießen. Aufkochen lassen, dabei ständig rühren, bis die Sauce andickt. Mit Tomatenmark und Senf würzen.
Den Gemüsereis auf einer großen Platte oder auf 4 Tellern anrichten, die Tofuwürfel daraufstreuen, mit der Sauce übergießen.

Blumenkohl mit Tofu-Tomatenkruste

1 großer Blumenkohl
1 große Zwiebel
25 g Pflanzenmargarine
675 g abgewandelter japanischer Tofu oder mittelfester Tofu
1 EL Pflanzenöl
3 TL Senf
3 EL Tomatenmark
Meersalz
frisch gemahlener schwarzer Pfeffer
4 EL feingehackte Petersilie

Den Blumenkohl waschen, in Röschen brechen und in wenig Salzwasser dämpfen, bis er knapp weich ist. Abtropfen lassen.
Die Zwiebel hacken, in der Margarine hellgelb rösten. Tofu, Öl, Senf, Tomatenmark, Salz und Pfeffer in den Mixer geben und gründlich durchmixen. Petersilie und Zwiebel einrühren. Die Blumenkohlröschen in eine gefettete, ofenfeste Form

füllen und mit der Tofu-Tomatensauce übergießen. Bei 200 °C etwa 30 Minuten überbacken. Dazu schmecken gekochte, gebackene oder Röstkartoffeln.

Gegrillte Tofuscheiben mit Tahinsauce

450 g fester Tofu
Sojasauce zum Bestreichen
280 ml Wasser
3 EL Tahin (Sesampaste)
2 gehäufte TL Miso
10–12 Scheiben Vollkorntoast, mit Pflanzenmargarine bestrichen

Den Tofu in etwa 1 cm dicke Scheiben schneiden. Die Scheiben auf einen Grillrost legen, mit etwas Sojasauce bepinseln und im Backofen unter dem vorgeheizten Grill einige Minuten grillen. Dann die Scheiben wenden, auf der anderen Seite ebenfalls mit Sojasauce bestreichen und grillen. Inzwischen das Wasser zum Kochen bringen. Tahin und Miso in den Mixer geben, das Wasser zufügen und das Gerät eine Weile laufen lassen. Die Sauce in einen Topf gießen, bei schwacher Hitze zum Kochen bringen, dann 1–2 Minuten köcheln lassen. Vom Herd nehmen und noch 2–3 Minuten ziehen lassen. Die Tofuscheiben auf dem heißen Toast anrichten, die Sauce darüberlöffeln.

Wirsing-Bulghur-Kasserolle süß-sauer

450 g Wirsing
1 Zwiebel
2 Äpfel
225 g fester Tofu
Saft von 2 Zitronen
1½ EL Honig
125 ml Sojajoghurt (Seite 21)
225 g Bulghur (Hartweizengrütze)
1 EL Kümmel
2 EL Apfelessig
2 EL Pflanzenöl
50 g Rosinen
Meersalz
frisch gemahlener schwarzer Pfeffer
250 ml Wasser
1 Prise Piment

Den Wirsing in dünne Streifen schneiden, die Zwiebel hacken, die Äpfel schälen und würfeln. Den Tofu in eine große Schüssel bröckeln. Sämtliche Zutaten dazugeben und alles gut vermischen. Die Masse in eine geölte, ofenfeste Form füllen. Bei 200 °C etwa 10 Minuten backen, dann die Hitze auf 180 °C herunterschalten und die Wirsing-Bulghur-Kasserolle weitere 20 Minuten backen.

Rezepte aus Mexiko

Tofu-Chili mit Makkaroni

2 Zwiebeln
2 Selleriestangen
2 große grüne Paprikaschoten
1 EL Olivenöl
2 400-g-Dosen geschälte Tomaten
2 TL mexikanisches Chiligewürz
350–450 g fester Tofu
2 400-g-Dosen rote Kidneybohnen (oder 250 g getrocknete Kidneybohnen, eingeweicht und weich gekocht)
300 g Vollkorn-Makkaroni

Zwiebeln, Sellerie und Paprika klein schneiden. Das Öl in einem großen Topf erhitzen und die Zwiebeln darin weich dünsten. Sellerie und Paprika zufügen und noch 2–3 Minuten weiterdünsten. Tomaten und Chiligewürz zufügen, zum Kochen bringen. Den Tofu zerbröckeln, in den Topf geben, die Hitze herunterschalten und das Chili 10–15 Minuten köcheln lassen. Die Bohnen dazugeben und weitere 5 Minuten köcheln lassen.

Inzwischen die Makkaroni bißfest kochen, gut abtropfen lassen und dann unter das Chili rühren. In eine geölte, ofenfeste Form füllen, bei 175 °C etwa 30–40 Minuten backen.

Schnelles Tofu-Chili

2 Zwiebeln
2 EL Pflanzenöl
225 g fester Tofu
mexikanisches Chiligewürz
2 400-g-Dosen rote Kidneybohnen, gut abgetropft (oder 250 g getrocknete Kidneybohnen, eingeweicht und weich gekocht)
130 g Tomatenmark
100 g frische Vollkornbrösel

Die Zwiebeln hacken. Das Öl in einem Topf erhitzen und die Zwiebeln darin goldgelb rösten. Den Tofu in ein Geschirrtuch wickeln und möglichst viel Flüssigkeit herauspressen, so daß er recht trocken und krümelig wird. Zerbröckeln. Sämtliche Zutaten zu den Zwiebeln in den Topf geben und so viel Wasser zufügen, daß sich die Masse gut umrühren läßt. Bei mittlerer Hitze unter ständigem Rühren zum Kochen bringen. Hitze herunterschalten, etwa 10 Minuten leise köcheln lassen. Zu Naturreis servieren oder als Füllung für Tortillas (Seite 62) oder Burritos (Seite 61) verwenden.

Burritos mit Tofu-Tomaten-Füllung

Burritos
340 g Weizenvollkornmehl
1 TL Meersalz
Wasser

Füllung und Salsa
1 große Zwiebel
100 g Champignons
2 EL Pflanzenöl
450 g fester Tofu
3 TL mexikanisches Chiligewürz (oder mehr)
2 EL Sojasauce
1 400-g-Dose geschälte Tomaten
2 TL gemahlener Kreuzkümmel
½ TL Basilikum
2 TL feingehackte Petersilie

In einer großen Schüssel das Mehl mit dem Salz vermischen. So viel Wasser einkneten, daß ein elastischer Teig entsteht. Mit einem feuchten Tuch abdecken und mindestens 1 Stunde ruhen lassen. Nochmals durchkneten, dann kleine Stücke abreißen und auf einem bemehlten Brett rund ausrollen. Eine schwere Pfanne erhitzen und die Burritos ohne Fett auf jeder Seite ein paar Minuten backen. Beiseite stellen.
Zwiebel und Champignons hacken, im Öl weich dünsten. Den Tofu hineinbröckeln, Chiligewürz darüberstreuen und noch etwa 10 Minuten schmoren, dabei häufig umrühren. Sojasauce zufügen. Die Tomaten mit dem Kreuzkümmel, Basilikum und der Petersilie in den Mixer geben und alles zu einer glatten Salsa (Sauce) pürieren. Die Hälfte der Salsa unter die Tofumischung rühren. Die Burritos damit füllen, zusammenrollen. Auf ein geöltes Backblech legen, die restliche Salsa darüberlöffeln. Bei 180 °C etwa 20–30 Minuten backen.

Tofu-Rancheros

1 Zwiebel
1 grüne Paprikaschote
1 rote Paprikaschote
2 EL Pflanzenöl
2 TL mexikanisches Chiligewürz
½ TL Kurkuma
25 g Sojamehl
1 400-g-Dose geschälte Tomaten, gut abgetropft
450 g fester Tofu

Zwiebel und Paprikaschoten klein schneiden, im Öl knapp weich dünsten. Chiligewürz, Kurkuma und Sojamehl zufügen, gut umrühren. Nach und nach die Tomaten einrühren. Die Mischung zum Kochen bringen, Hitze herunterschalten, die Gemüse etwa 5 Minuten köcheln lassen. Den Tofu in ein Geschirrtuch wickeln und möglichst viel Flüssigkeit herauspressen. Anschließend zerbröckeln und die trockene Masse zu der Gemüsemischung geben. Noch 1–2 Minuten mitköcheln lassen. Zu Naturreis oder auch zu Tortillas servieren.

Tofu-Enchiladas

Foto

Tortillas
140 g Weizenvollkornmehl
80 g Maismehl
1 Prise Meersalz
5 EL Pflanzenmargarine
Wasser

Salsa
1 Zwiebel
2 Knoblauchzehen
2 EL Pflanzenöl
2 frische Chilischoten
1 200-g-Dose geschälte Tomaten
2 EL mexikanisches Chiligewürz
Meersalz
schwarzer Pfeffer
1 TL Kreuzkümmel
¼ TL Cayennepfeffer
130 g Tomatenmark
420 ml Wasser

Füllung
350–450 g fester Tofu
150 ml Sojajoghurt
(Seite 21)
1 Prise Meersalz
½ TL Kurkuma
¼ TL Paprikapulver
50 g kleine Champignons
3–4 Frühlingszwiebeln
schwarze Oliven zum Garnieren

Weizen- und Maismehl vermischen. Salz zufügen, dann die Margarine unterreiben. So viel Wasser einkneten, daß ein geschmeidiger Teig entsteht. Zu kleinen Bällchen rollen (die Größe ist nicht so wichtig, denn Sie können nach Belieben große oder kleine Tortillas backen) und auf einem bemehlten Brett dünn auswellen. Die Tortillas einzeln bei mittlerer Hitze in einer ungefetteten Pfanne backen. Sobald die Oberseite Blasen zu werfen beginnt, wenden und weiterbacken, bis auch die andere Seite Blasen wirft. Aus der Pfanne nehmen und die nächste Tortilla ebenso abbacken. Auf einem Teller stapeln, bis die Tortillas gefüllt werden können.
Für die Salsa (Sauce) Zwiebel und Knoblauch fein hacken, im Öl weich dünsten. Die Chilischoten fein hakken, die Tomaten im Mixer pürieren. Zusammen mit den restlichen Zutaten zu der Zwiebel-Knoblauch-Mischung geben und gut umrühren. Zum Kochen bringen, etwa 20 Minuten köcheln lassen.
Für die Füllung den Tofu zerdrükken, mit Joghurt, Salz, Kurkuma und Paprikapulver verrühren. Champignons und Frühlingszwiebeln hacken und unter die Tofumasse mischen.
Jede Tortilla mit etwas Salsa bestreichen und in die Mitte einen Löffel Tofufüllung geben. Beide Seiten nach innen umschlagen, so daß eine Art gerollter Pfannkuchen entsteht. Ein Backblech dünn mit Salsa bestreichen, die gefüllten Tortillas daraufsetzen. Zum Schluß die restliche Salsa über die Tortillas löffeln. Falls noch etwas Füllung übrig ist, als Garnierung über die Salsa geben. Mit entsteinten, gehackten Oliven bestreuen. Die Enchiladas bei 180 °C etwa 30 Minuten backen. Sofort servieren.

Enchiladas mit Tofu-Reis-Zucchini-Füllung

Tortillas
140 g Weizenvollkornmehl
80 g Maismehl
1 Prise Meersalz
5 EL Pflanzenmargarine
Wasser

Salsa
1 400-g-Dose geschälte Tomaten
mexikanisches Chiligewürz

Füllung
170 g Naturreis
1 große Zwiebel
1 Knoblauchzehe
2 EL Olivenöl
2 Zucchini
250–350 g fester Tofu

2 EL Sesamsamen
2–3 Frühlingszwiebeln

Die Tortillas zubereiten und backen, wie im Rezept auf Seite 62 beschrieben. Vorab den Reis für die Füllung weich kochen und beiseite stellen.
Die Tomaten in den Mixer geben, etwas Chiligewürz zufügen und das Gerät einschalten. Die pürierte Sauce abschmecken; falls sie nicht würzig genug ist, mehr Chiligewürz zufügen; falls sie nicht scharf genug ist, etwas Cayennepfeffer oder Chilipulver unterrühren (mexikanisches Chiligewürz besteht hauptsächlich aus Kreuzkümmel, Origano und Chilipulver; wenn Sie diese drei Gewürze zusammen verwenden, schmeckt's »mexikanisch«).
Die Zwiebel klein schneiden, Knoblauch fein hacken, im Öl weich dünsten. Die Zucchini fein würfeln und zusammen mit dem Reis zu der Zwiebel-Knoblauch-Mischung geben. Den Tofu hineinbröckeln und alles gut vermischen, mit etwas Salz abschmecken.
Jede Tortilla mit etwas Tomatensauce bestreichen, auf ein mit Olivenöl eingefettetes Blech legen, etwas Füllung in die Mitte geben. Die Tortillas aufrollen, so daß nichts mehr von der Füllung zu sehen ist. Sind alle Tortillas so gefüllt, die restliche Sauce darüberlöffeln. Mit Sesamsamen bestreuen. Bei 190 °C etwa 30 Minuten backen.
Die Frühlingszwiebeln fein hacken und vor dem Servieren als Garnitur über die Enchiladas streuen.

Tamale-Pie

225 Maismehl
1 Prise Meersalz
430 ml Wasser
1 Zwiebel
2 EL Pflanzenöl
1 400-g-Dose geschälte Tomaten
2 EL Weizenvollkornmehl
12 schwarze Oliven
½ TL Cayennepfeffer
2 TL getrocknetes Basilikum
2 200-g-Dosen Mais
225 g fester Tofu
2 EL Pflanzenmargarine

In einem Topf das Maismehl mit etwas Salz vermischen. 210 ml kaltes Wasser und 420 ml kochendes Wasser unterrühren, zum Kochen bringen und von der Hitze nehmen. Über einen Topf mit kochendem Wasser stellen, zudecken und etwa 15 Minuten dämpfen.
Die Zwiebel hacken und im Öl weich dünsten. Die Tomaten pürieren. Das Mehl in die Zwiebel einrühren, langsam das Tomatenpüree unterrühren und unter ständigem Rühren zum Kochen bringen. Die Oliven entsteinen und fein hacken. Mit dem Cayennepfeffer, dem Basilikum und dem abgetropften Mais in die Tomatensauce einrühren.
Den Tofu in kleine Würfel schneiden. In der Margarine ringsum goldbraun rösten.
Den Maisbrei in eine ofenfeste Form geben, Boden und Seitenwände damit auskleiden. Die Tofuwürfel daraufschütten. Die Mais-Tomatensauce darübergießen. Bei 180 °C etwa 45 Minuten backen. Dazu grünen Salat reichen.

Tofu-Tacos

1 Zwiebel
2 Knoblauchzehen
3 EL mexikanisches Chiligewürz
2 EL Weizenvollkornmehl
280 ml Wasser
2 EL Tomatenmark
1 TL Hefeextrakt
225 g fester Tofu
Meersalz
frisch gemahlener schwarzer Pfeffer
12 fertige Tortillas (Rezept Seite 62) oder Reis mit Mais und Bohnen
Salatblätter nach Bedarf

Die Zwiebel hacken, den Knoblauch zerdrücken und zusammen einige Minuten im Öl dünsten, bis die Zwiebel weich ist. Chiligewürz und Mehl einrühren. Langsam das Wasser zugießen, dabei ständig rühren, bis die Sauce aufkocht. Dann Tomatenmark und Hefeextrakt unterrühren. Den Tofu in die Sauce bröckeln. Ohne Deckel etwa 10 Minuten köcheln lassen, bis die Sauce schön dick ist. Mit Salz und Pfeffer abschmecken. Die Tortillas mit der Tofusauce füllen. Salatblätter in Streifchen schneiden und darübergeben.
Die angegebene Menge reicht für ein leichtes Mittagessen. Für eine sättigendere Mahlzeit als Beilage bunten Reis mit Mais und Bohnen servieren.

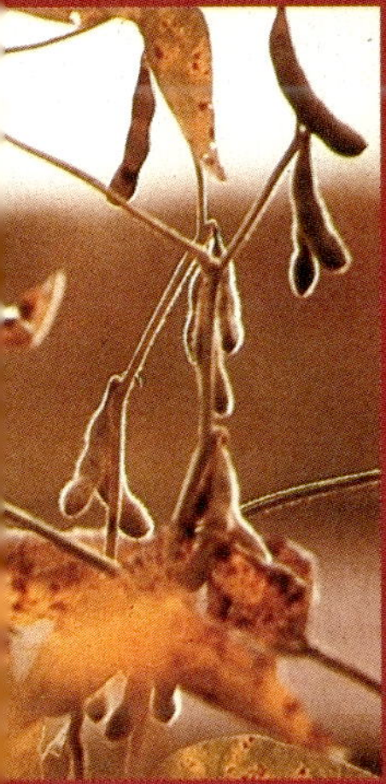

Rezepte aus dem Mittelmeerraum

AUS ITALIENISCHEN KÜCHEN

Tofu-Risotto

340 g Rundkorn-Naturreis
2 kleine Zwiebeln
80 g Pflanzenmargarine
Gemüsebrühe oder Wasser nach Bedarf
1 Selleriestange
1 grüne Paprikaschote
50 g Champignons
1 Knoblauchzehe
300–350 g fester Tofu
2 EL Apfelessig
½ TL Basilikum
½ TL Majoran
50 g pikante Kleie-Snacks (Reformhaus)

Den Reis mit kochendem Wasser übergießen und mehrere Stunden quellen lassen. Abgießen. 1 Zwiebel hacken. Die Hälfte der Margarine erhitzen und die Zwiebel darin weich dünsten. Den Reis dazuschütten, mit Gemüsebrühe oder Wasser bedecken, zum Kochen bringen und dann nur noch leise köcheln lassen.
Inzwischen die andere Zwiebel, Sellerie, Paprika und Champignons klein schneiden, Knoblauch zerdrücken, Tofu in Würfel schneiden. Die restliche Margarine erhitzen und die Gemüse und den Tofu darin einige Minuten anbraten, bis die Gemüse weich sind. Essig und Kräuter zufügen. Zugedeckt etwa 5 Minuten köcheln lassen. Zum Schluß die grob zerbröckelten Kleie-Snacks untermischen. Wenn der Reis fast weich ist, Gemüse und Tofu untermischen und noch so lange köcheln lassen, bis alle Flüssigkeit aufgenommen worden ist.

Tofu-Pizza

Teig
1 TL Rohzucker
140 ml lauwarmes Wasser (oder etwas mehr, je nach Bedarf)
1 TL Trockenhefe
1 TL Meersalz
225 g Weizenvollkornmehl

Sauce und Belag
1 Zwiebel
2 Knoblauchzehen
2 EL Olivenöl
1 400-g-Dose geschälte Tomaten
2 EL Tomatenmark
2 TL Origano
1 TL Basilikum
Meersalz
frisch gemahlener schwarzer Pfeffer
250–350 g fester oder mittelfester Tofu
50–100 g Champignons
1 kleine grüne Paprikaschote
zum Belegen außerdem nach Belieben: Olivenscheibchen, Kapern, Zwiebelringe, Artischockenherzen

Den Zucker in der Hälfte des Wassers auflösen, die Hefe einstreuen und mit der Gabel verrühren. Zuge-

deckt an einem warmen Ort etwa 10 Minuten gehen lassen, bis sich Blasen gebildet haben. Das Salz unter das Mehl mischen, die Hefemischung und das restliche Wasser darübergießen. Einen elastischen Teig kneten; falls nötig, noch etwas mehr Wasser einarbeiten. 5 Minuten durchkneten. Den Teig in 4 Stücke teilen, zu Pizzas ausrollen und aufs Blech legen. Zugedeckt etwa 30 Minuten an einem warmen Ort gehen lassen.
Die Zwiebel klein schneiden, den Knoblauch fein hacken, im Olivenöl weich dünsten. Tomaten, Tomatenmark und Kräuter zufügen, zum Kochen bringen und so lange köcheln lassen, bis die Sauce schön dick ist – etwa 30 Minuten. Mit Salz und Pfeffer abschmecken. Die Sauce über die Teigböden verteilen (übriggebliebene Sauce im Kühlschrank aufbewahren). Den Tofu darüberbröckeln. Champignons blättrig, Paprika in feine Streifchen schneiden und über den Tofu streuen. Mit beliebigen weiteren Zutaten belegen. Die Pizzas bei 230 °C etwa 30–40 Minuten backen.

Tofu cacciatore

1 kleine Zwiebel
1 Möhre
1 Knoblauchzehe
4 EL Pflanzenöl
1 Lorbeerblatt
130 g Tomatenmark
360 ml Wasser
300 g Vollkorn-Makkaroni oder -Muscheln
Meersalz
450 g fester Tofu
25–50 g Weizenvollkornmehl
1 TL Basilikum
100 g Erbsen, frisch oder tiefgefroren

Zwiebel, Möhre und Knoblauch klein schneiden, in der Hälfte des Öls zusammen mit dem Lorbeerblatt einige Minuten anbraten. Tomatenmark und Wasser zufügen, zum Kochen bringen und etwa 10 Minuten leise köcheln lassen. Inzwischen die Nudeln 10–15 Minuten in Salzwasser garen. Den Tofu würfeln, leicht mit Mehl und Basilikum bestäuben. Die Würfel im restlichen Öl braten, bis sie ringsum leicht gebräunt sind. Tofuwürfel und Erbsen in die Tomatensauce geben und noch so lange köcheln lassen, bis die Erbsen weich sind. Die gekochten Vollkornnudeln anrichten und die Tofusauce darübergeben.

Calzone mit Tofufüllung

Foto

Füllung
1 Zwiebel
1–2 Knoblauchzehen
2 EL Olivenöl
1 Möhre
2 Selleriestangen
1 kleine grüne Paprikaschote
50 g Champignons
4 EL Tomatenmark
120 ml Wasser
1 TL Basilikum
1 TL Origano
225 g fester oder mittelfester Tofu

Teig
Meersalz
110 g Pflanzenmargarine
225 g Weizenvollkornmehl
Wasser

Die Zwiebel klein schneiden, den Knoblauch fein hacken, im Olivenöl 3–4 Minuten anbraten. Möhre, Sellerie und Paprika klein schneiden und dazugeben. Die Champignons blättrig schneiden und zufügen, sobald die anderen Gemüse fast weich sind. Tomatenmark und Wasser unterrühren, Basilikum und Origano einstreuen und die Sauce zum Kochen bringen. Den Tofu würfeln und ebenfalls zufügen. Die Hitze herunterschalten, noch 5 Minuten leise köcheln. Dann etwas abkühlen lassen, beiseite stellen, bis die Füllung zum Belegen der ausgerollten Teigkreise gebraucht wird.

Salz und die Margarine in Stücken zum Mehl geben, mit den Fingern unterreiben. So viel Wasser einarbeiten, daß ein zäher Teig entsteht.

In 4 Stücke teilen und auf einem bemehlten Brett rund ausrollen. Die Füllung auf je eine Hälfte der Teigkreise verteilen, die andere Teighälfte darüberschlagen und die Ränder gut zusammendrücken. Bei 190 °C etwa 25–35 Minuten backen, bis der Teig schön gebräunt ist.

Auberginen-Tofu-Auflauf

1 400-g-Dose geschälte Tomaten
1 Zwiebel
2 Knoblauchzehen
3 TL Basilikum
1 EL Pflanzenöl, außerdem Öl zum Bestreichen nach Bedarf
600–675 g Auberginen
feine Brösel oder Weizenvollkornmehl nach Bedarf
350 g fester Tofu

Die Tomaten pürieren und in einen Topf gießen. Zwiebel klein schneiden, den Knoblauch zerdrücken und beide mit dem Basilikum und 1 EL Öl in den Topf geben. Gut umrühren und zum Kochen bringen. Bei schwacher Hitze etwa 20 Minuten köcheln lassen.
Die Auberginen in sehr dünne Scheiben schneiden. Jede Scheibe auf beiden Seiten mit etwas Öl bepinseln und in Bröseln oder Mehl wälzen. Unter den Grill schieben und so lange grillen, bis die Auberginen weich sind, dabei einmal wenden (oder in etwas Öl braten und gut abtropfen lassen). Die Hälfte der Auberginenscheiben in eine geölte, ofenfeste Form schichten, die Hälfte des Tofus darüberbröckeln, mit der Hälfte der Tomatensauce übergießen. Den Vorgang noch einmal wiederholen. Den Auflauf bei 180 °C etwa 20–30 Minuten überbacken.

Tofu-Ravioli

340 g Weizenvollkornmehl (oder Mehl Type 1050)
2 EL Sojamehl
1 Prise Meersalz
140 ml warmes Wasser
225 g fester Tofu
½ TL Zwiebelsalz
½ TL Knoblauchsalz
frisch gemahlener schwarzer Pfeffer
Tomatensauce (entweder fertig gekauft oder nach dem Rezept Tofu-Lasagne mit Tomatensauce, Seite 75)

Mehl, Sojamehl und Salz vermischen. Langsam das Wasser unterrühren, bis ein halbfester Teig entsteht. Arbeiten Sie langsam, weil verschiedene Mehlsorten unterschiedlich viel Wasser aufnehmen; sobald die richtige Teigkonsistenz erreicht ist, darf kein Wasser mehr zugegeben werden. Gut durchkneten. Den Tofu in einer Schüssel zerdrücken, Zwiebel- und Knoblauchsalz sowie etwas Pfeffer unterrühren.
Den Teig in 4 oder mehr Stücke teilen, auf einem bemehlten Brett dünn auswellen. Mit einem Teigrädchen kleine Quadrate radeln, aber nicht ausschneiden, sondern so auf dem Brett liegen lassen. Etwas Tofu-Füllung auf jedes Quadrat setzen und die gesamte Fläche mit einer zweiten Teigplatte abdecken. Jetzt die Quadrate ausradeln oder mit einem scharfen Messer ausschneiden, an den Rändern mit einer Gabel gut

zusammendrücken, damit die Füllung nicht herauslaufen kann. So den gesamten Teig verarbeiten. Die Ravioli in kochendes Salzwasser geben und etwa 10 Minuten kochen. Gut abtropfen lassen, mit Tomatensauce servieren.

Tagliatelle mit cremiger Tofusauce

350 g mittelfester Tofu
150 ml Sojajoghurt (Seite 21)
1 EL Tahin (Sesampaste)
2 gehäufte TL Miso
1 EL Zitronensaft
350–400 g Vollkorn-Tagliatelle
frisch gemahlener schwarzer Pfeffer

Tofu, Joghurt, Tahin, Miso und Zitronensaft in den Mixer geben und zu einer glatten Sauce pürieren. Die Nudeln »al dente« kochen und abgießen. Die Tofusauce unter die Nudeln ziehen, etwas schwarzen Pfeffer darübermahlen und sofort servieren.

Tofu-Spinat-Lasagne mit Champignonsauce

450 g Spinat
50 g Pflanzenmargarine
1 TL Majoran, Meersalz
frisch gemahlener schwarzer Pfeffer
350–450 g fester Tofu
225 g Champignons
4 EL Weizenvollkornmehl
2 TL Sojasauce
250 g Vollkorn-Lasagneblätter

Spinat waschen, nur wenig abgetropft in einen Topf geben und bei mittlerer Hitze zusammenfallen lassen, kein zusätzliches Wasser zugießen. Abgießen, Abtropfflüssigkeit auffangen. Den Spinat grob hacken, solange er noch warm ist. Die Hälfte der Margarine unterziehen. Mit Majoran, Salz und Pfeffer würzen, dann den Tofu hineinbröckeln und gut untermischen.
Die Champignons fein hacken und in der restlichen Margarine weich dünsten. Das Mehl einrühren. Die Spinatflüssigkeit mit Wasser auf 280 ml auffüllen, langsam einrühren, bis die Sauce aufkocht und andickt. Mit Sojasauce würzen.
Die Lasagneblätter in Salzwasser weich kochen (15–20 Minuten), gut abtropfen lassen. Lasagneblätter, Spinat-Tofu-Mischung und Champignonsauce nacheinander und in mehreren Lagen in eine ofenfeste Form einschichten, mit Lasagneblättern beginnen und mit Champignonsauce enden. Bei 200 °C etwa 30 Minuten backen.

Zucchini-Lasagne mit Tofukruste

Foto

250 g Vollkorn-Lasagneblätter
2 Zwiebeln
2 EL Olivenöl
2 Knoblauchzehen
300 g Champignons
300 g Zucchini
300 g Tomaten
1 EL Tomatenmark
2 TL Origano
1 TL Basilikum
Meersalz
frisch gemahlener schwarzer Pfeffer
550–675 g abgewandelter japanischer Tofu oder mittelfester Tofu
3 EL Tahin (Sesampaste)
Saft von 1 Zitrone
4 EL Sojajoghurt (Seite 21)

Die Lasagneblätter weich kochen (15–20 Minuten), abtropfen lassen und abspülen.
Zwiebeln hacken und 3–4 Minuten in dem Olivenöl anbraten. Knoblauch zerdrücken, dazugeben und noch ein paar Minuten weiterdünsten. Champignons und Zucchini klein schneiden und zu der Zwiebelmischung geben, weitere 2–3 Minuten dünsten. Die Tomaten enthäuten und grob hacken. Zu den Gemüsen geben, anschließend das Tomatenmark und die Kräuter. Zugedeckt noch 5–10 Minuten köcheln lassen. Mit Salz und Pfeffer abschmecken.
Tofu, Tahin, Zitronensaft und Joghurt in den Mixer geben und zu einer glatten Sauce pürieren. Mit Salz und Pfeffer abschmecken.
Lasagneblätter und Zucchinisauce in mehreren Schichten in eine ofenfeste Form füllen. Die Tofusauce darübergießen. Bei 180 °C etwa 35–40 Minuten backen, bis die Kruste schön gebräunt ist.

Tofu-Lasagne mit Tomatensauce

1 große Zwiebel
1 Knoblauchzehe
2 400-g-Dosen geschälte Tomaten
2 EL Pflanzenöl
1 EL getrocknetes Basilikum
2 TL Rohzucker
Meersalz
frisch gemahlener schwarzer Pfeffer
250 g Vollkorn-Lasagneblätter
350–400 g mittelfester oder fester Tofu

Zwiebel und Knoblauch fein hakken. Die Tomaten in einem Topf mit der Zwiebel, dem Knoblauch, Öl, Basilikum, Zucker, Salz und Pfeffer verrühren. Etwa 30 Minuten köcheln lassen, bis die Sauce dick geworden ist. Die Lasagneblätter in Salzwasser weich kochen (15–20 Minuten), gut abtropfen lassen. Den Tofu zerdrükken. Lasagneblätter, Tofu und Tomatensauce nacheinander und in mehreren Lagen in eine ofenfeste Form einschichten; mit einer Schicht Lasagneblättern beginnen, mit einer Schicht Tofu enden. Bei 190 °C etwa 45 Minuten backen.

Spaghetti mit Tofu

1 große Zwiebel
2 Möhren
2 Selleriestangen
100 g Champignons
3 EL Pflanzenöl
1 400-g-Dose geschälte Tomaten
250 g fester Tofu
2 TL Hefeextrakt
1 TL Chilipulver (nach Belieben)
2 EL feingehackte Petersilie
2 TL Basilikum
350 g Vollkornspaghetti

Zwiebel, Möhren, Sellerie und Champignons klein schneiden, im Öl ein paar Minuten anbraten. Die Tomaten dazuschütten und zum Kochen bringen. Den Tofu hineinbröckeln. Hefeextrakt, Chilipulver (falls verwendet), Petersilie und Basilikum unterrühren, ohne Deckel etwa 20 Minuten köcheln lassen. Die Spaghetti »al dente« kochen, auf Tellern anrichten und mit der Sauce begießen.

AUS ANDEREN MITTELMEERKÜCHEN

Valencia-Salat

Foto Seite 78

350 g Langkorn-Naturreis
150 g eingelegte Peperoni (Glas oder Dose)
2–3 Zwiebelscheiben
1 EL feingehackte Petersilie
Meersalz
240 ml feines Olivenöl
4 EL Apfelessig
1 400-g-Dose Artischockenherzen
225 g fester Tofu
1 400-g-Dose Spargel (je nach Jahreszeit auch frischer Stangenspargel)

Den Reis weich kochen und abtropfen lassen. Die abgetropften Peperoni klein schneiden und unter den Reis mischen. Die Zwiebelscheiben, Petersilie und Salz in das Olivenöl geben und 1 Stunde ziehen lassen. Die Zwiebelscheiben herausnehmen (sie werden nicht mehr gebraucht) und den Apfelessig unter das Öl rühren. Die Hälfte dieser Vinaigrette unter den Reis ziehen. Die Artischockenherzen in größere Stücke schneiden und in der restlichen Vinaigrette marinieren. Den Tofu würfeln.
Vor dem Servieren die Artischocken samt Vinaigrette unter den Reis mischen, die Tofuwürfel nur unterheben. Mit dem abgetropften Spargel garnieren.

Iranischer Safranpilaw mit süß-sauren Tofu-Möhren

Safranpilaw
350 g Langkorn-Naturreis
4 Kardamomkapseln
1 Zwiebel
50 g Pflanzenmargarine
8 cm Zimtstange
4 Gewürznelken
Wasser
Meersalz
¼ TL zerstoßene Safranfädchen, mindestens 15 Minuten in etwas heißem Wasser eingeweicht

Süß-saure Tofu-Möhren
300 g Möhren
30 g Pflanzenmargarine
1 Zwiebel
5 Datteln
1 EL Rosinen oder Sultaninen
1 EL Apfelessig
2 EL Zitronensaft
250–350 g mittelfester oder fester Tofu
½ TL Kurkuma
etwas frisch gemahlener schwarzer Pfeffer
2 EL Mandelblättchen

Den Reis mit kochendem Wasser übergießen und mehrere Stunden quellen lassen. Abgießen. Die Samen aus den Kardamomkapseln herauslösen, die Zwiebel hacken. Die Margarine erhitzen, Kardamomsamen, Zimt und Nelken hineingeben. Unter ständigem Rühren 2 Minuten braten. Die Zwiebel zugeben und mehrere Minuten anbraten, bis die Zwiebel goldbraun ist, dabei mehrmals umrühren. Den Reis dazuschütten, bei schwacher Hitze 3–4 Minuten mitbraten. Mit Wasser bedecken, Salz und Safranwasser zufügen. Aufkochen lassen, dann die Hitze herunterschalten und den Reis etwa 15–20 Minuten köcheln lassen, bis er weich ist.
Inzwischen die Möhren schrabben und schräg in dünne Scheiben schneiden. Die Margarine erhitzen, die Möhren zufügen und einige Minuten anbraten, dabei häufig wenden. Die Zwiebel hacken, zu den Möhren geben und noch so lange dünsten, bis die Zwiebel weich ist. Die Datteln hacken, mit den Rosinen, dem Essig und dem Zitronensaft zu den Möhren geben. Deckel aufsetzen, Hitze herunterschalten und die Möhren etwa 15–20 Minuten schmoren lassen. Nebenher den Tofu mit dem Kurkuma, Pfeffer und etwas Salz zerdrücken. Wenn die Möhren weich sind, den Tofu untermischen. Unter Rühren noch so lange auf dem Herd lassen, bis der Tofu gründlich erhitzt ist. Mit den Mandelscheibchen bestreuen und über dem Safranpilaw anrichten.

Spanische Tofu-Tortillas

Valencia-Salat

Spanische Tofunudeln

Arroz con tofu

350 g Langkorn-Naturreis
1 große Zwiebel
1 große oder 2 kleine grüne Paprikaschoten
2 Knoblauchzehen
4 EL Olivenöl
1 400-g-Dose geschälte Tomaten
280 ml Gemüsebrühe oder Wasser
½ TL zerstoßene Safranfädchen
Meersalz
frisch gemahlener schwarzer Pfeffer
450 g fester Tofu
25 g Pflanzenmargarine
150 g Peperoni (Glas oder Dose)
110 g Erbsen, frisch oder tiefgefroren

Den Reis mit kochendem Wasser übergießen und mehrere Stunden quellen lassen. Inzwischen Zwiebel und Paprika klein schneiden, den Knoblauch zerdrücken. Das Olivenöl in einem größeren Topf erhitzen und Zwiebel, Paprika und Knoblauch darin knapp weich dünsten. Den Reis abtropfen lassen und mit in den Topf geben, Tomaten und Brühe zufügen und zum Kochen bringen. Safran, Salz und Pfeffer unterrühren, die Hitze herunterschalten und den Reistopf leise köcheln lassen.
Den Tofu in Würfel schneiden und in der Margarine goldbraun braten, über den Reis streuen und gut untermischen. Die abgetropften Peperoni hacken. Wenn der Reis weich ist und die Flüssigkeit fast völlig aufgenommen wurde – etwa nach 15–20 Minuten Kochzeit –, Peperoni und Erbsen zufügen. Weitere 3–4 Minuten durchziehen lassen, dann servieren.

Spanische Tofunudeln

Foto Seite 79

350 g Vollkornspaghetti oder andere Nudeln
2 Zwiebeln
2 grüne Paprikaschoten
3 EL Olivenöl
350–450 g fester Tofu
2 TL Kurkuma
2 TL Knoblauchsalz
frisch gemahlener schwarzer Pfeffer

Die Spaghetti »al dente« kochen, abgießen, kalt überbrausen, gut abtropfen lassen. Zwiebeln und Paprika klein schneiden. Im Olivenöl in einer großen Pfanne anbraten, bis die Gemüse weich und leicht gebräunt sind. Den Tofu zerdrücken, mit Kurkuma, Knoblauchsalz und Pfeffer würzen und gut durchmischen. Diese Mischung zu den Gemüsen in die Pfanne geben und unter Rühren heiß werden lassen. Die Spaghetti zufügen, noch ein paar Minuten mitbraten lassen, dann servieren.

Spanische Tofu-Tortillas

Foto Seite 78

350 g Kartoffeln
2 Tomaten
2 eingelegte Peperoni
2 kleine Zwiebeln
3 EL Olivenöl
4 EL gekochte Erbsen
675 g fester oder mittelfester Tofu
50 g Weizenvollkornmehl
1½ TL Backpulver
Meersalz
frisch gemahlener schwarzer Pfeffer

Die Kartoffeln schälen, kochen und würfeln. Die Tomaten häuten und klein schneiden, Peperoni hacken. Die Zwiebeln klein schneiden, im Öl 2–3 Minuten anbraten. Tomaten, Peperoni, Kartoffeln und Erbsen zufügen und einige Minuten unter Rühren braten.

100 g Tofu in den Mixer geben und cremig pürieren (falls nötig, etwas Wasser zugießen). In einer großen Schüssel den restlichen Tofu zerdrücken. Den pürierten Tofu, Mehl und Backpulver zufügen und alles gut vermischen. Die Kartoffelmischung zur Tofumasse geben, gut vermengen, mit Salz und Pfeffer abschmecken. Aus dem Teig 4 Tortillas formen, auf ein geöltes Blech setzen. Bei 170 °C etwa 30 Minuten backen, dann wenden und weitere 15 Minuten backen.

Griechischer Tofu-Spinat-Kuchen

1 große Zwiebel
4 EL Olivenöl
350 g frischer Spinat
350 g fester Tofu
1 Knoblauchzehe
12 schwarze Oliven
Meersalz
frisch gemahlener schwarzer Pfeffer
1 EL Origano
Vollkorn-Pizzateig (wie im Rezept Tofu-Pizza, Seite 68)

Die Zwiebel klein schneiden und im Öl knapp weich dünsten. Den Spinat hacken, zur Zwiebel geben und zugedeckt 3–4 Minuten dünsten, bis der Spinat weich ist. Den Tofu zerdrücken, Knoblauch und Oliven fein hacken, zusammen zum Spinat geben. Mit Salz, Pfeffer und Origano würzen.

Den Pizzateig ausrollen, eine Quiche- oder Springform damit auslegen und bei 200 °C etwa 5 Minuten vorbacken. Aus dem Ofen nehmen und mit der Tofu-Spinat-Mischung belegen. Weitere 15–20 Minuten backen, bis der Teig ganz durchgebacken ist.

INTERNATIONAL

Rezepte aus Asien

AUS INDISCHEN KÜCHEN

Tofupilaw

350 g Langkorn-Naturreis
2 Zwiebeln
50 g Pflanzenmargarine
2 Lorbeerblätter
Meersalz
Wasser
350–450 g fester Tofu
2 TL Kurkuma
½ TL Chilipulver
2 TL Garam Masala (indische Gewürzmischung)
2 TL Zitronensaft
2 Tomaten

Den Reis mit kochendem Wasser übergießen und mehrere Stunden quellen lassen. Gut abtropfen lassen. Die Zwiebeln klein schneiden, in der Hälfte der Margarine 3–4 Minuten anbraten. Den Reis dazuschütten, Lorbeerblätter und Salz zufügen. Mit kochendem Wasser gerade bedecken und köcheln lassen, bis der Reis fast weich ist. Inzwischen den Tofu würfeln. Die restliche Margarine erhitzen, Kurkuma, Chilipulver und Garam Masala einstreuen, die Gewürze 2–3 Minuten anrösten, dann den Zitronensaft zufügen. Die Tofuwürfel dazugeben und 3–4 Minuten bei schwacher Hitze mitsimmern lassen, dann vom Herd nehmen. Etwa 5 Minuten, bevor der Reis gar ist (nach etwa 15 Minuten Kochzeit), die Tofu-Gewürzmischung unterrühren. Weiterköcheln lassen, bis der Reis gar ist und alle Flüssigkeit aufgenommen wurde. Vor dem Servieren die Lorbeerblätter herausnehmen. Den Pilaw mit Tomatenscheiben garnieren.

Tofucurry

2 Zwiebeln
1 Knoblauchzehe
50 g Pflanzenmargarine
2 TL Korianderkörner
2 TL schwarze Pfefferkörner
1 TL Kreuzkümmel
1 TL ganze Kardamomkapseln
½–1 cm Zimtstange
1 TL gemahlene Nelken
2 TL Kurkuma
2 TL Weizenvollkornmehl
450–650 g fester Tofu
280 ml Gemüsebrühe
Meersalz, 1 TL Rohzucker
Saft von ½ Zitrone

Die Zwiebeln klein schneiden, den Knoblauch fein hacken. Die Margarine erhitzen, Zwiebeln und Knoblauch darin knapp weich dünsten. Koriander-, Pfefferkörner und Kreuzkümmel mahlen oder im Mörser zerstoßen. Kardamomsamen aus den Kapseln lösen und ebenfalls mahlen oder zerstoßen. Sämtliche Gewürze und das Mehl zu den Zwiebeln geben, gut umrühren. Den Tofu in Würfel schneiden und in die Gewürzmischung geben. Gut wenden, damit die Würfel ringsum von den Gewürzen überzogen sind.

Die Gemüsebrühe zugießen, zum Kochen bringen und 10 Minuten leise köcheln lassen. Salz und Zukker einstreuen, weitere 10 Minuten simmern lassen. Vor dem Servieren mit Zitronensaft abschmecken.

Blumenkohlcurry mit Kartoffeln und Tofu

1 kleiner Blumenkohl
2 mittelgroße Kartoffeln
etwa 2,5 cm frische Ingwerwurzel
3–4 Knoblauchzehen
4 EL Wasser
2 Zwiebeln
2 frische grüne Chilischoten
2 Tomaten
2 EL Pflanzenöl
½ TL ganze Bockshornkleesamen
etwa 2,5 cm Zimtstange
2 TL Currypulver
50 g weißes Kokosnußfleisch, mit 350 ml heißem Wasser im Mixer püriert (=Kokosmilch)
Meersalz
250–350 g fester Tofu
25 g Pflanzenmargarine
2 EL Zitronensaft
1 TL Garam Masala (indische Gewürzmischung)

Den gewaschenen Blumenkohl in Röschen zerteilen, etwa 1 Minute in kochendem Wasser blanchieren, dann abgießen und mit kaltem Wasser abschrecken. Beiseite stellen. Die Kartoffeln mit der Schale kochen, abkühlen lassen und, falls gewünscht, schälen. In dicke Scheiben schneiden. Ingwer und Knoblauch schälen, mit dem Wasser in den Mixer geben und zu einer Paste pürieren. Zwiebeln und Chilischoten fein hacken. Die Tomaten kurz überbrühen, häuten und klein schneiden.
Das Öl in einer schweren Pfanne erhitzen. Bockshornklee und Zimtstange hineingeben, gut umrühren. Die Zwiebeln zufügen, 2–3 Minuten anrösten. Die Chilischoten mit der Ingwer-Knoblauch-Paste in die Pfanne geben und unter Rühren 1 weitere Minute braten. Nun die Tomaten zufügen, mit Currypulver überstreuen und 2 Minuten schmoren lassen. Die Kokosmilch in die Pfanne gießen, gut verrühren und etwa 5 Minuten köcheln lassen. Den Blumenkohl hineingeben, leicht salzen, Deckel aufsetzen und etwa weitere 5 Minuten köcheln lassen.
Den Tofu in große Würfel schneiden und in der Margarine goldgelb braten. Die Tofuwürfel, Kartoffelscheiben und den Zitronensaft zum Blumenkohl in die Pfanne geben, noch 5 Minuten simmern lassen. Vor dem Servieren mit Garam Masala bestreuen. Dazu schmeckt Naturreis.

Scharfe Tofu-Patia mit Fadennudeln

Foto

2 Zwiebeln
1 grüne Paprikaschote
4 EL Pflanzenöl
3 Knoblauchzehen
2 frische grüne Chilischoten
1 TL feingehackter frischer Ingwer
1 TL gemahlener Kreuzkümmel
450 g fester Tofu
4 TL Kurkuma
1 400-g-Dose geschälte Tomaten
4 EL Wasser
Meersalz
340 g Fadennudeln (Vermicelli)

Die Zwiebeln in dünne Scheiben schneiden, die Paprikaschote fein hacken. Das Öl in einer schweren Pfanne erhitzen. Zwiebeln und Paprika darin 3–5 Minuten anbraten, bis die Zwiebeln knapp weich sind. Knoblauch und entkernte Chilischoten fein hacken, in die Pfanne geben, mit dem Ingwer und Kreuzkümmel unterrühren. 1 Minute weiterbraten.
Den Tofu würfeln, mit Kurkuma bestäuben, in die Pfanne geben und gut umrühren. Dann die Tomaten und das Wasser unterrühren und so lange köcheln lassen, bis die Sauce ziemlich dick ist. Mit etwas Salz abschmecken, falls nötig. Die Fadennudeln bißfest kochen, mit der Sauce übergießen und sofort servieren.

Erbsen-Tofu-Korma

450 g fester Tofu
Öl zum Fritieren
2 große oder 4 kleine Tomaten
25 g Cashewkerne, grob zerstoßen
2,5 cm frische Ingwerwurzel
4 Knoblauchzehen
2 große Zwiebeln
50 g Pflanzenmargarine
2 Zimtstangen
2 Lorbeerblätter
4 Nelken
1 TL Chilipulver
280 ml Wasser
280 ml Sojajoghurt
2 TL Kreuzkümmel
1 TL Koriander
2 TL Garam Masala (indische Gewürzmischung)
100 g Erbsen, frisch oder tiefgefroren
1 TL Rohzucker
Meersalz

Tofu halbieren. Die eine Hälfte in kleine Würfel schneiden und goldbraun fritieren. Die Tomaten kurz überbrühen, häuten und klein schneiden. In den Mixer geben, Cashewkerne, gehackten Ingwer und Knoblauch zufügen und alles fein pürieren.
Die Zwiebeln grob raspeln und in der Margarine leicht anbräunen. Die Hitze herunterschalten, Zimt, Lorbeerblätter und Nelken unterrühren und weitere 3–4 Minuten dünsten. Chilipulver und dann das Wasser, die Tomaten-Gewürzmischung und den Joghurt unterrühren, zum Kochen bringen. Kreuzkümmel und Koriander mahlen oder im Mörser zerstoßen und mit dem Garam Masala in die Sauce einrühren. Einige Minuten köcheln lassen. Die fritierten Tofuwürfel und die Erbsen zufügen, weitere 2–3 Minuten köcheln lassen. Den restlichen Tofu hineinbröckeln. Mit Rohzucker und Salz abschmecken. Heiß servieren. Dazu paßt Naturreis.

Saag
Spinat mit Tofu

250–350 g fester Tofu
Fett zum Fritieren
1 TL Garam Masala (indische Gewürzmischung)
1 TL Meersalz
etwa 2,5 cm frische Ingwerwurzel
3 Knoblauchzehen
1 frische grüne Chilischote
4 EL Wasser
600 g Spinat
3 EL Pflanzenöl
4 EL Sojamilch

Den Tofu würfeln und fritieren, bis er goldbraun ist. Die noch heißen Tofuwürfel ringsum mit Garam Masala und ½ TL Salz bestreuen, beiseite stellen.
Ingwer, Knoblauch und Chilischote grob zerkleinern, in den Mixer geben, das Wasser zufügen und zu einer glatten Paste pürieren. Den Spinat waschen und grob hacken. Das Öl in einem Topf erhitzen, die Knoblauchpaste zufügen und etwa

½ Minute einrühren. Den Spinat und das restliche Salz zufügen und 1 Minute unter Rühren anbraten. Den Deckel aufsetzen und den Spinat 5–10 Minuten dünsten (an den Spinatblättern haftet vom Waschen noch genügend Wasser zum Garen, nur wenn nötig, noch 1–2 EL Wasser zufügen). Die Sojamilch angießen und die Tofuwürfel vorsichtig untermischen. Weitere 5–10 Minuten dünsten, dabei ein- bis zweimal umrühren. Als Beilage gekochten Naturreis, Reispilaw oder indisches Fladenbrot reichen.

Toast mit Tofu und würziger Tomatensauce

Tomatensauce
450 g reife Tomaten
4 Frühlingszwiebeln
1 frische grüne Chilischote
2 Knoblauchzehen
½–1 cm dicke Scheibe frische Ingwerwurzel
2 EL ganze Korianderkörner
3 EL Pflanzenöl
1½ TL schwarze Senfkörner
½ TL Salz

450–650 g fester oder chinesischer Tofu
4 TL Kurkuma
2 EL Sojasauce
2 EL Pflanzenmargarine
8–12 Scheiben Vollkorntoast
Pflanzenmargarine zum Bestreichen

Die Tomaten kurz überbrühen, häuten und klein schneiden. Frühlingszwiebeln, Chilischote und Knoblauch fein hacken. Den Ingwer fein reiben, die Korianderkörner mahlen oder im Mörser zerstoßen. Das Öl in einem Topf erhitzen und die Senfkörner einstreuen. Nach ein paar Sekunden, wenn sie anfangen aufzuplatzen, Frühlingszwiebeln und Knoblauch zufügen und unter Rühren 3 Minuten anbraten. Dann die Tomaten, Ingwer, Koriander und die Chilischote zufügen, gut umrühren und bei Mittelhitze 6–8 Minuten kochen lassen. Salz darüberstreuen.
Den Tofu zerdrücken, Kurkuma und Sojasauce untermischen. Die Margarine in einer Pfanne erhitzen und den Tofu darin unter ständigem Wenden etwa 5 Minuten anbraten. Die getoasteten Brotscheiben mit Margarine bestreichen, den Tofu darauf verteilen und die Tomatensauce darüberlöffeln.

Blumenkohl-Kheema

2 große oder 4 kleine Tomaten
3 frische Chilischoten
3 Knoblauchzehen
1–2 cm frische Ingwerwurzel
3 ganze Gewürznelken
3 Kardamomkapseln
8 Pfefferkörner, 2 TL Kreuzkümmel
½ TL Chilipulver
3 Zwiebeln, 4 EL Pflanzenöl
1 Blumenkohl (etwa 650–900 g)
½ TL Kurkuma, 150 ml Wasser
175 g fester Tofu, Meersalz

Die Tomaten kurz überbrühen, häuten und klein schneiden, in den Mixer geben. Chilischoten, Knoblauch und Ingwer fein hacken und zufügen, anschließend die Nelken, die aus den Kapseln gelösten Kardamomsamen, die Pfefferkörner, Kreuzkümmel und das Chilipulver. Den Mixer laufen lassen, bis alles gut zerkleinert und eine fast glatte Tomatensauce entstanden ist.
Die Zwiebeln hacken und im Öl anrösten, bis sie leicht gebräunt sind. Die Tomatensauce darübergießen, 3–4 Minuten köcheln lassen. Den Blumenkohl auf der Rohkostreibe reiben und in die Sauce geben. Kurkuma und Wasser zufügen, aufkochen lassen, dann die Hitze herunterschalten und die Gemüsesauce zugedeckt etwa 10 Minuten leise köcheln lassen. Dann den Tofu hineinbröckeln, gut umrühren, mit Salz abschmecken und ohne Deckel noch 3–4 Minuten simmern lassen. Dazu Fladenbrot reichen.

Dal mit Tofu

Foto

2 Zwiebeln
2–3 Knoblauchzehen
50 g Pflanzenmargarine
8 ganze Nelken
1–2 cm Zimtstange
2 TL Kreuzkümmel
2 TL Koriandерkörner
1 TL Mohn
Samen von 4 Kardamomkapseln
1 TL Chilipulver, 2 TL Kurkuma
225 g rote Linsen, 850 ml Wasser
225 g fester Tofu
25 g im Mixer pürierte Kokosnuß (evtl. ganz wenig heißes Wasser zugeben), Meersalz

Die Zwiebeln hacken, den Knoblauch zerdrücken, beides in der Hälfte der Margarine leicht anbräunen. Nelken, Zimt, Kreuzkümmel, Koriander, Mohn und Kardamom im Mixer oder in der Kaffeemühle mahlen oder im Mörser fein zerstoßen. Die gemahlenen Gewürze in die Zwiebelmischung einrühren, Chilipulver und Kurkuma zufügen, gut umrühren und 1–2 Minuten rösten. Die Linsen unterrühren, das Wasser zugießen und zum Kochen bringen. Die Hitze herunterschalten und die Linsen 15–20 Minuten köcheln lassen.
Den Tofu würfeln und in der restlichen Margarine goldgelb braten. Wenn die Linsen zu einem dicken Brei eingekocht sind, das Kokosnußpüree und die Tofuwürfel unterrühren. Mit Salz abschmecken. Dazu Naturreis und Mangochutney.

Rezepte aus Asien

Reis mit Tofu und Erbsen

350 g Langkorn-Naturreis
1 frische grüne Chilischote
4 EL Pflanzenöl
2 Lorbeerblätter
2–3 cm Zimtstange
5 ganze Kardamomkapseln
1 TL gemahlener Kreuzkümmel
Wasser
Meersalz
250–350 g mittelfester oder fester Tofu
Fett zum Fritieren
225 g Erbsen, frisch oder tiefgefroren

Den Reis mit kochendem Wasser übergießen, mehrere Stunden quellen lassen, abgießen. Die Chilischote fein hacken. Das Öl erhitzen, Lorbeerblätter, Zimt, Kardamom, Kreuzkümmel und Chilischote hineingeben und gut verrühren. Den Reis dazuschütten und bei Mittelhitze 3–5 Minuten unter Rühren anbraten. Mit Wasser gerade bedekken, eine kleine Prise Salz darüberstreuen, zum Kochen bringen und zugedeckt köcheln lassen.
Inzwischen den Tofu in kleine Würfel schneiden und goldbraun fritieren. Wenn der Reis fast weich ist, die Erbsen zufügen und knapp weich garen. Die Tofuwürfel unterheben, noch kurz auf dem Herd ziehen lassen, bis alles gut erhitzt ist. Sofort servieren.

Spaghetti »Madras«

225 g fester Tofu
Pflanzenöl zum Fritieren
1 Zwiebel
50 g Pflanzenmargarine
350 g Weißkohl
2–3 Tomaten
1 TL Kurkuma
¼ TL Senfpulver
1 Prise Cayennepfeffer
130 g Tomatenmark
140 ml Wasser
225 g Vollkornspaghetti
25 g kernlose Rosinen

Den Tofu würfeln und goldbraun fritieren. Beiseite stellen. Die Zwiebel klein schneiden und in der Hälfte der Margarine knapp weich dünsten. Den Weißkohl hobeln, die Tomaten häuten und klein schneiden, beides zu der Zwiebel geben. Kurkuma, Senfpulver und Cayennepfeffer zufügen. Das Tomatenmark im Wasser verrühren und zum Gemüse geben, alles gut verrühren. Die Tofuwürfel untermischen. Zugedeckt etwa 10 Minuten leise köcheln lassen.
Inzwischen die Spaghetti bißfest kochen. Die Rosinen in etwas kochendem Wasser kurz blanchieren. Die Spaghetti abgießen und die restliche Margarine unterziehen. Die Sauce über die Spaghetti gießen, mit den blanchierten Rosinen überstreuen.

AUS CHINESISCHEN KÜCHEN

Tofu in roter Chilisauce

1 Stange Lauch
2 Knoblauchzehen
2 EL Pflanzenöl
100 g Champignons
½–1 TL Chilipulver
140 ml Wasser
1 EL Apfelessig
2 EL Tomatenketchup
1 EL Sojasauce
450–650 g chinesischer Tofu
1 EL Maisstärke, mit 3 EL Wasser verrührt
2 Frühlingszwiebeln

Den Lauch in dünne Ringe schneiden, den Knoblauch fein hacken. Das Öl im Wok oder in einer tiefen Pfanne erhitzen, Lauch und Knoblauch darin unter Rühren etwa 30 Sekunden anbraten. Die Champignons klein schneiden, in den Wok geben und etwa 1–2 Minuten mitbraten. Chilipulver, Wasser, Essig, Ketchup und Sojasauce zufügen. Zum Kochen bringen und 1 Minute köcheln lassen. Den Tofu würfeln und in den Wok geben. Die angerührte Maisstärke zugießen und noch so lange rühren, bis die Sauce angedickt ist. Die Frühlingszwiebeln hacken. Das Gericht auf Naturreis anrichten und mit den gehackten Frühlingszwiebeln garnieren.

Peking-Nudeln mit Tofu

Foto Seite 95

5–6 getrocknete chinesische Pilze (Baumohr-, Wolkenohr- oder Shiitakepilze)
1 Knoblauchzehe
2½ EL Sesamöl
3 EL Hoisinsauce
2–3 EL Sojasauce
350–450 g fester Tofu
2 EL Pflanzenöl
400 g chinesische Nudeln (Eier-, Reis- oder Sojanudeln)
3–6 Frühlingszwiebeln

Die Pilze gründlich waschen und mindestens 30 Minuten in Wasser einweichen. Abgießen, dabei die Einweichflüssigkeit auffangen und beiseite stellen. Die Pilze in dünne Streifen schneiden. Den Knoblauch fein hacken. Mit ½ EL Sesamöl, der Hoisinsauce und der Sojasauce verrühren. Beiseite stellen. Den Tofu würfeln. Das Öl im Wok oder in einer schweren, tiefen Pfanne erhitzen. Die Tofuwürfel hineingeben und 2–3 Minuten unter Rühren braten. Die Pilze, die Knoblauchsauce und etwa 1–2 TL der Einweichflüssigkeit zufügen. Hitze herunterschalten, 2–3 Minuten schmoren lassen.
Inzwischen die Nudeln kochen und abgießen, mit dem restlichen Sesamöl vermischen. Die Frühlingszwiebeln fein hacken. Die Nudeln mit der Tofu-Pilz-Mischung vermengen, mit den Frühlingszwiebeln garnieren und sofort servieren.

Süß-saure Tofubällchen

Peking-Nudeln mit Tofu

Geschmorter Tofu

450–650 g chinesischer oder mittelfester Tofu
3 EL Pflanzenöl
1 EL ganz fein geriebener frischer Ingwer
2 TL Rohzucker
3 EL Sojasauce
140 ml Wasser

Den Tofu in 75–100 g schwere Stükke schneiden, in einen Topf legen und so viel Wasser zugießen, daß das Wasser etwa 5 cm über dem Tofu steht. Bei Mittelhitze zum Kochen bringen, 30 Minuten köcheln lassen. Abkühlen lassen, dann abgießen. Jedes Stück in 8 Würfel schneiden, vorsichtig auspressen, damit überschüssige Flüssigkeit entfernt wird.
Das Öl bei Mittelhitze in einem Topf heiß werden lassen, Ingwer und Tofuwürfel zugeben und 1–2 Minuten unter Rühren anbraten. Dann Zucker, Sojasauce und Wasser unterrühren. Zugedeckt zum Kochen bringen, die Hitze herunterschalten und den Tofu etwa 1 Stunde köcheln lassen, gelegentlich beschöpfen, bis der größte Teil der Flüssigkeit bzw. die gesamte Flüssigkeit aufgenommen wurde. Dazu Naturreis und nach Belieben auch pfannengerührte Gemüse servieren.

Gemüse-Tofu-Sauce mit Mandeln

1 100-g-Päckchen gefriergetrockneter Tofu oder
225 g tiefgefrorener Tofu
4 EL Pflanzenöl
100 g Mandeln, blanchiert
1 grüne Paprikaschote
1 Möhre
1 kleine Dose Bambussprossen
1 Zwiebel
1½ EL Maisstärke
2 TL Rohzucker (nach Belieben)
1½ EL Sojasauce, 2 TL Apfelessig
280 ml Wasser

Getrockneten Tofu einweichen und jedes Stück halbieren oder noch kleiner schneiden. Gefrorenen Tofu auftauen lassen und klein schneiden. 1 EL Öl erhitzen und die Mandeln darin goldbraun rösten.
Paprika, Möhre, Bambussprossen und Zwiebel klein schneiden. 2 EL Öl erhitzen und die Zwiebel darin glasig dünsten. Das restliche Öl zugießen, den Tofu, Paprika, Möhre und Bambussprossen zufügen und unter gelegentlichem Rühren einige Minuten schmoren lassen. Maisstärke, Zucker (falls verwendet), Sojasauce und Essig mit dem Wasser verrühren, über die Tofu-Gemüse-Mischung gießen, zum Kochen bringen und unter Rühren köcheln lassen, bis die Sauce dick wird. Zuletzt die Mandeln unterrühren. Als Beilage Naturreis servieren, gegebenenfalls noch Sojasauce zum Würzen reichen.

Süß-saure Tofubällchen

Foto Seite 94

450 g chinesischer Tofu
½ TL Salz
2 EL Weizenvollkornmehl
Pflanzenöl zum Fritieren
100 g Ananas, frisch oder aus der Dose
1 grüne Paprikaschote
2 Frühlingszwiebeln
5 EL Apfelessig
3–4 EL Rohzucker
2–3 EL Sojasauce
1 EL Maisstärke, mit 180 ml Ananassaft verrührt

Tofu in ein Geschirrtuch wickeln und mindestens 30 Minuten abtropfen lassen. In eine Schüssel geben, gut zerdrücken und Salz und Mehl unterrühren. Aus der Masse kleine Bällchen formen und goldbraun fritieren. Auf Küchenkrepp abfetten lassen. Ananas klein schneiden, falls nötig. Die Paprikaschote in dünne Streifen schneiden, die Frühlingszwiebeln fein hakken.
Essig, Zucker, Sojasauce und die in Ananassaft angerührte Maisstärke in den Wok oder in einen Topf geben, langsam zum Kochen bringen, dabei ständig rühren, bis die Sauce angedickt ist. Die Tofubällchen, Ananas, Paprika und Frühlingszwiebeln hineingeben. 2–3 Minuten leise köcheln lassen, bis alles durch und durch erhitzt ist. Dazu Naturreis reichen.

Szechuan-Tofu mit Erdnußsauce

1 mittelgroße Möhre
2,5 cm frische Ingwerwurzel
1 EL Pflanzenöl
450 g mittelfester oder chinesischer Tofu
1 EL Apfelessig
1 Frühlingszwiebel
2 EL Erdnußmus
¼ TL Cayennepfeffer
2 EL Sesamöl
1 EL Honig

Die Möhre in streichholzdünne Streifchen schneiden, den Ingwer fein hacken. Das Öl im Wok oder in einer tiefen Pfanne erhitzen, Möhre und Ingwer darin 2–3 Minuten unter Rühren anbraten. Den Tofu in kleine Stücke schneiden und in den Wok geben. Den Essig darüberträufeln und zugedeckt etwa 3 Minuten köcheln lassen. Die Fühlingszwiebel hacken und ebenfalls in den Wok geben. Die Hitze abschalten und das Gericht zugedeckt noch 1–2 Minuten auf dem Herd ziehen lassen.
Inzwischen in einem Schälchen das Nußmus mit Cayennepfeffer, Sesamöl und Honig zu einer glatten Sauce verrühren. Die Erdnußsauce unter die Tofumischung rühren. Dazu Naturreis servieren.

Geschmorter Tofu mit Pilzen

Foto

550–650 g chinesischer Tofu
16 getrocknete chinesische Pilze (Baumohr-, Wolkenohr- oder Shiitakepilze)
2 Frühlingszwiebeln
2,5 cm frische Ingwerwurzel
4 EL Pflanzenöl
1 EL Apfelessig
3 EL Sojasauce
1 TL Rohzucker
1 EL Sesamöl

Die Tofublöcke halbieren, jede Hälfte in 2 Dreiecke schneiden. Diese Dreiecke nochmals halbieren. Beiseite stellen. Die Pilze mit kochendem Wasser übergießen und mindestens 1 Stunde einweichen. Abtropfen lassen, dabei die Einweichflüssigkeit auffangen. Die Pilze leicht ausdrücken, die Stiele entfernen, die Hüte in Streifen schneiden. Frühlingszwiebeln und Ingwer fein hacken.
Das Öl im Wok oder in einer tiefen Pfanne erhitzen. Frühlingszwiebeln und Ingwer hineingeben und 1 Minute unter Rühren anbraten. Essig, Sojasauce und Zucker zufügen. Die Einweichflüssigkeit von den Pilzen mit Wasser auf 180 ml auffüllen (falls nötig) und in die Pfanne gießen. Zum Kochen bringen, Pilze und Tofu einlegen, ein paarmal vorsichtig wenden. Dann die Hitze herunterschalten, zugedeckt etwa 10 Minuten schmoren lassen, nach 5 Minuten wenden. Am Ende der Garzeit sollte nur noch wenig oder gar keine Flüssigkeit mehr in der Pfanne sein. Mit Sesamöl beträufeln. Dazu Naturreis servieren.

Tofu foo yung

1 Zwiebel
2 Frühlingszwiebeln
225 g Champignons
2 EL Pflanzenöl
350–400 g fester, mittelfester oder chinesischer Tofu
1 TL Kurkuma
1 TL Meersalz (oder mehr)
1 EL Sojasauce
225 g Bohnensprossen

Zwiebel, Frühlingszwiebeln und Champignons hacken. Das Öl in einer Pfanne erhitzen und die Gemüsemischung darin unter Rühren weich braten. Den Tofu zerdrücken, mit dem Kurkuma gut vermischen und in die Pfanne geben. Gut umrühren, dabei Salz und Sojasauce untermischen. Zum Schluß die Bohnensprossen zufügen und noch so lange rühren, bis sie gerade anfangen, weich zu werden. Dazu Naturreis servieren, als Würze nach Belieben noch mehr Sojasauce reichen.

Tofu lo mein

225 g fester Tofu
1–2 EL Sojasauce
1–2 EL Maisstärke
340 g chinesische Fadennudeln
1 EL Sesamöl
1 425-g-Dose Bambussprossen
1 kleines Bund Frühlingszwiebeln
2 EL Pflanzenöl, 225 g frische Bohnensprossen, Meersalz

Den Tofu würfeln. Die Würfel mit Sojasauce beträufeln, mit der Maisstärke bestäuben und dabei gründlich wenden, damit alle Seiten bemehlt sind. Beiseite stellen. Die Nudeln knapp weich kochen, gut abtropfen lassen, mit kaltem Wasser abschrecken und sofort das Sesamöl untermischen. Beiseite stellen. Die Bambussprossen abgießen und in dünne Scheiben schneiden. Die Frühlingszwiebeln hacken.
Das Öl im Wok oder in einer Pfanne erhitzen. Die Tofuwürfel hineingeben und unter Rühren 2–3 Minuten braten. Die Bambussprossen zufügen, die Hitze auf mittlere Einstellung herunterschalten, unter Rühren noch 1–2 Minuten weiterbraten. Die Nudeln dazugeben, die Hitze wieder hochschalten und unter ständigem Rühren braten, bis die Nudeln zum Teil angebräunt sind. Dann die Bohnensprossen zufügen und noch 2 Minuten unter Rühren weiterbraten. Mit Salz, Frühlingszwiebeln und nach Belieben mit noch etwas Sesamöl würzen, alles gut vermischen. Sofort servieren.

Moo goo gai pan

2 Zwiebeln
4 Selleriestangen
100 g Champignons
1 grüne oder rote Paprikaschote
1 kleine Dose Wasserkastanien
150 g Chinakohl
350–450 g chinesischer, mittelfester oder fester Tofu
3 EL Sojasauce
25–50 g frische Ingwerwurzel
2–3 Knoblauchzehen
6 EL Pflanzenöl
2 EL Pfeilwurzelmehl
420 ml Wasser
4 EL Apfelessig
Meersalz
100 g frische Bohnensprossen

Die Zwiebeln in dünne Scheiben, Sellerie und Champignons klein schneiden. Die Paprikaschote in Streifen, Wasserkastanien und Chinakohl in Scheiben schneiden. Den Tofu würfeln und mit der Sojasauce beträufeln. In die Grillpfanne legen, bei Mittelhitze einige Minuten grillen, dabei einmal wenden.
Ingwer und Knoblauch fein hacken. 4 EL Öl bei mittlerer Hitze in einem Topf heiß werden lassen, Ingwer und Knoblauch darin etwa 3 Minuten anbraten. Das Pfeilwurzelmehl mit 2 EL von dem Wasser, dem Essig und Salz verrühren. Das restliche Wasser über die Ingwer-Knoblauch-Mischung gießen, zum Kochen bringen. Auf kleinste Hitze herunterschalten, dann langsam das angerührte Pfeilwurzelmehl unterrüh-

ren und simmern lassen, bis die Sauce dick wird.
Das restliche Öl im Wok oder in einer großen, tiefen Pfanne erhitzen. Zwiebel, Sellerie, Champignons und Paprika darin unter Rühren etwa 5 Minuten braten. Chinakohl, Wasserkastanien und Bohnensprossen zufügen, weitere 3–4 Minuten pfannenrühren. Den Tofu zum Gemüse geben, gut umrühren. Dann die Ingwer-Knoblauch-Sauce darübergießen, bei schwacher Hitze noch einmal gut durchmischen und mit Salz abschmecken. Dazu Naturreis reichen.

Tofu mit Spinat

550–650 g chinesischer oder mittelfester Tofu
5 EL Pflanzenöl
4 kleine oder 2 große Stangen Lauch
450 g frischer Spinat
1 EL Apfelessig
1 EL Sojasauce
¼–½ TL Tabasco
1 EL gelbe Bohnenpaste

Den Tofu in kleine Würfel schneiden. 3 EL Öl im Wok oder in einer tiefen Pfanne erhitzen, den Tofu hineingeben und unter Rühren etwa 2 Minuten anbraten. Herausheben und auf Küchenkrepp abtropfen lassen.
Lauch und Spinat klein schneiden. Das restliche Öl in den Wok gießen, die Gemüse hineingeben und unter gelegentlichem Rühren etwa 3 Minuten braten, dabei zudecken, falls die Gemüse weicher gewünscht werden. Essig, Sojasauce, Tabasco und gelbe Bohnenpaste unterrühren. Die Tofuwürfel zufügen und vorsichtig unterheben. Dazu Naturreis oder Vollkornnudeln reichen.

Gedämpfter Tofu mit Möhren und scharfer Tahinsauce

450–550 g chinesischer Tofu
225 g Möhren
4–5 EL Tahin (Sesampaste)
4–5 EL Sesamöl
3–4 EL Sojasauce
3 TL Apfelessig
3 TL chinesische Chilisauce
4 EL Wasser
2 TL Rohzucker
gekochter Naturreis nach Bedarf

Den Tofu würfeln, die Möhren schräg in Scheiben schneiden. Tofu und Möhren im Dämpftopf (oder einem Sieb, über kochendes Wasser gehängt) einige Minuten dämpfen, bis die Möhren knapp weich sind.
Tahin, Sesamöl, Sojasauce, Essig, Chilisauce, Wasser und Zucker in einem kleinen Topf verrühren. Bei schwacher Hitze heiß werden lassen, dabei ständig rühren, bis die Sauce glatt ist. Tofu und Möhren auf einem Reisbett anrichten, mit der Sauce übergießen.

Gebratener Reis mit Tofu

Foto

350 g Rundkorn-Naturreis
450 g fester Tofu
Öl zum Fritieren
1 mittelgroße Zwiebel
4 EL Pflanzenöl
225 g Champignons
225 g Erbsen, tiefgefroren
1 kleine Dose in Scheiben geschnittene Bambussprossen
4 EL pikante Kleie-Snacks (Reformhaus), Sojasauce

Den Reis knapp weich kochen. Den Tofu halbieren. Die eine Hälfte in Würfel schneiden und goldbraun fritieren. Beiseite stellen. Die Zwiebel klein schneiden.
Das Öl im Wok oder in einer schweren, tiefen Pfanne erhitzen und die Zwiebel darin unter Rühren 3–4 Minuten braten. Die Champignons klein schneiden, zur Zwiebel geben und unter Rühren 3–4 Minuten mitbraten. Erbsen, Bambussprossen, fritierte Tofuwürfel und die grob zerbröckelten Kleie-Snacks zufügen. Unter Rühren noch 2–3 Minuten weiterbraten. Den restlichen Tofu hineinbröckeln und etwa 2 Minuten mitbraten. Den Reis untermischen, mit Sojasauce abschmecken und unter Rühren so lange mitbraten, bis er gründlich erhitzt ist. Sofort servieren.

Scharfer Tofu »Szechuan«

450 g chinesischer Tofu
3 EL Pflanzenöl
2 grüne Paprikaschoten
2 Stangen Lauch
2 frische Chilischoten
1–1½ TL Chilipulver
1 EL Apfelessig
1 TL Rohzucker
2–3 EL gelbe Bohnenpaste
Naturreis nach Bedarf
2 TL Sesamöl

Den Tofu klein würfeln. 2 EL Öl im Wok oder in einer tiefen Pfanne erhitzen und die Tofuwürfel darin 2–3 Minuten unter Rühren anbraten. Herausnehmen und abtropfen lassen. Die Paprikaschoten in Streifen, den Lauch klein schneiden. Die Chilischoten entkernen und fein hacken.
Das restliche Öl in den Wok geben, erhitzen und die Gemüse hineingeben. Unter Rühren etwa 3 Minuten braten. Chilipulver, Essig, Zucker und Bohnenpaste zufügen, gut untermischen. Die Tofuwürfel zurück in den Wok geben und alles zusammen noch etwa 3 Minuten unter häufigem Umrühren braten. Dazu mit Sesamöl gewürzten Naturreis sevieren.
Anmerkung: Sie können dieses Gericht zusätzlich mit Sojasauce würzen, aber die gelbe Bohnenpaste ist bereits so salzig, daß Vorsicht geboten ist.

Ma po Tofu mit Nudeln

2 kleine Stangen Lauch
4 Knoblauchzehen
2 EL Pflanzenöl
450–650 g chinesischer Tofu
280 ml Wasser oder Gemüsebrühe
2 TL chinesische Chilisauce
2 EL Sojasauce
1 TL frisch gemahlener schwarzer Pfeffer
75 g pikante Kleie-Snacks (Reformhaus)
340 g chinesische Nudeln (Eier-, Reis- oder Sojanudeln)
1 EL Maisstärke, mit 2 EL Wasser verrührt
1 EL Sesamöl

Lauch und Knoblauch fein hacken. Das Öl im Wok oder in einer tiefen Pfanne erhitzen, Lauch und Knoblauch darin unter Rühren 3–4 Minuten anbraten. Den Tofu in kleine Würfel schneiden und zur Lauch-Knoblauch-Mischung geben. Wasser oder Brühe, Chilisauce, Sojasauce, Pfeffer und die grob zerbröckelten Kleie-Snacks zufügen und zum Kochen bringen. Dann die Hitze herunterschalten und etwa 10 Minuten köcheln lassen. Inzwischen die Nudeln knapp weich kochen und abtropfen lassen. Die angerührte Maisstärke in den Wok gießen, gut umrühren, bis die Sauce dick wird. Über den Nudeln anrichten, vor dem Servieren mit Sesamöl beträufeln.

AUS INDONESISCHEN, MALAISISCHEN, BURMESISCHEN UND JAPANISCHEN KÜCHEN

Fritierter Tofu mit pikanter Sojasauce

350–450 g chinesischer oder mittelfester Tofu
Öl zum Fritieren
4 Frühlingszwiebeln
100 g frische Bohnensprossen
1 Zwiebel
1 TL Sambal Oelek (in Feinkostläden erhältlich) oder 1 frische Chilischote
1 Knoblauchzehe
60 ml Sojasauce
1 EL dunkler Rohzucker oder Melasse

Den Tofu in Würfel schneiden und in Öl goldbraun fritieren. Auf Küchenkrepp abtropfen lassen, auf einer Platte anrichten. Die Frühlingszwiebeln hacken. Die Sprossen über den Tofuwürfeln verteilen und mit den Frühlingszwiebeln bestreuen. Die Zwiebel grob hacken. Chilischote, falls verwendet, entkernen und hacken, den Knoblauch ebenfalls hacken. Sojasauce, Zucker, Zwiebel, Knoblauch und Sambal Oelek oder Chilischote in den Mixer geben, das Gerät laufen lassen, bis die Sauce glatt ist. Zum Servieren die Sauce über den Tofu und die Bohnensprossen gießen.

Fritierter Tofu mit Erdnüssen

450 g chinesischer Tofu
Pflanzenöl zum Fritieren und Dünsten
2 Knoblauchzehen
170 g ungesalzene, ohne Fett geröstete Erdnüsse
2 EL Sojasauce
2 EL Apfelessig oder Zitronensaft
½ TL Sambal Oelek (in Feinkostläden erhältlich)
1 TL Rohzucker oder Melasse
15 g Kokosnuß, mit knapp ⅛ l heißem Wasser im Mixer gut verquirlt (=Kokosmilch)
100 g Weißkohl
80 g frische Bohnensprossen
4 Frühlingszwiebeln

Den Tofu würfeln, in Öl goldbraun fritieren und gut abtropfen lassen. Den Knoblauch zerdrücken, bei schwacher Hitze in 1 EL Öl 1–2 Minuten andünsten, dabei ständig rühren. Die Hälfte der Erdnüsse mahlen oder im Mörser zerstoßen und zum Knoblauch geben. Sojasauce, Essig, Sambal Oelek und Zucker zufügen, alles gut vermischen. Nach und nach die Kokosmilch zugießen und so lange rühren, bis die Sauce dickflüssig ist. Den Weißkohl fein hobeln. Den Tofu auf einer Platte anrichten, den Weißkohl und die Bohnensprossen darüber verteilen und mit der Sauce übergießen. Die Frühlingszwiebeln hacken und mit den ganzen Erdnüssen über das Gericht streuen.

Tofu-Gemüse-Spießchen

Foto

225 g fester Tofu
200 g Zucchini, 150 g Möhren
200 g Champignons
2–3 EL Sesamöl, 2–4 TL Currypulver
Meersalz
frisch gemahlener schwarzer Pfeffer
1 große Zwiebel, 3 EL Pflanzenöl
280 ml Wasser, 2 EL Erdnußmus
Saft von ½ Zitrone
1 TL Hefeextrakt, 2 TL Rohzucker

Den Tofu gut abtropfen lassen, dann in Würfel schneiden. Zucchini und Möhren in Scheiben schneiden. Von den Champignons die Stiele abdrehen, die Hüte gut säubern. Sesamöl, 1–2 TL Currypulver, Salz und Pfeffer über die Gemüse und den Tofu streuen, gut vermischen und etwa 1 Stunde marinieren, gelegentlich wenden.
Die Zwiebel hacken. Das Öl in einem kleinen Topf erhitzen und die Zwiebel darin leicht anbräunen. Wasser zugießen, zum Kochen bringen. Erdnußmus, 1–2 TL Currypulver, Zitronensaft, Hefeextrakt und Zucker unterrühren. Kurz abkühlen lassen, dann in den Mixer gießen und das Gerät laufen lassen, bis die Sauce glatt ist. Zurück in den Topf gießen und unter ständigem Rühren langsam erhitzen.
Tofu und Gemüse auf Spießchen stecken und unter den vorgeheizten Grill schieben. So lange grillen, bis der Tofu und die Gemüse leicht angebräunt sind und zu brutzeln beginnen, dabei gelegentlich wenden. Gemüse und Tofu von den Spießchen ziehen. Auf Naturreis anrichten, mit der Sauce übergießen.

Kung lo mein nach burmesischer Art

225 g fester Tofu
4 Knoblauchzehen
4 EL Pflanzenöl, dazu weiteres Öl zum Fritieren, 1 TL Sesamöl
225 g Spinat, 225 g Chinakohl
4 Frühlingszwiebeln
2 frische Chilischoten
1½–2 EL Sojasauce
350 g Reis- oder Sojanudeln

Den Tofu würfeln und in Öl goldbraun fritieren, beiseite stellen. Den Knoblauch fein hacken. Pflanzenöl und Sesamöl im Wok oder in einer großen, tiefen Pfanne stark erhitzen, den Knoblauch einstreuen und kroß rösten, aber nicht verbrennen lassen. Herausnehmen und auf Küchenkrepp entfetten.
Spinat und Chinakohl grob zerkleinern, Frühlingszwiebeln und entkernte Chilischoten fein hacken. Die Gemüse in den Wok geben und unter Rühren etwa 3 Minuten braten, bis der Spinat zusammenfällt. Tofuwürfel und Sojasauce zufügen und alles gut vermischen.
Die Nudeln bißfest kochen und abtropfen lassen. Mit der Tofu-Gemüse-Mischung vermengen, mit den gerösteten Knoblauchstückchen bestreuen und sofort servieren.

Japanisches Gemüse mit Tofu

170 g chinesischer Tofu
Öl zum Fritieren
1 kleine Aubergine
Meersalz
1 Knoblauchzehe
1 Zwiebel
2 EL Pflanzenöl
100 g Weißkohl
100 g Brokkoli
100 g grüne Bohnen
1 grüne Paprikaschote
2 Selleriestangen
50 g Champignons
½ kleine Dose Bambussprossen, in Scheiben geschnitten
140 ml Wasser
1 TL frisch gemahlener schwarzer Pfeffer
2 EL Sojasauce

Den Tofu würfeln und in Öl goldbraun fritieren, beiseite stellen. Aubergine in dünne Scheiben schneiden, die Scheiben beidseitig einsalzen, mit einem Gewicht beschweren und etwa 30 Minuten Saft ziehen lassen. Anschließend abspülen und trockentupfen.
Den Knoblauch zerdrücken, die Zwiebel in dünne Scheiben schneiden. Das Öl im Wok oder in einer großen, tiefen Pfanne erhitzen, Zwiebel und Knoblauch darin leicht anbräunen. Den Weißkohl grob zerkleinern, Brokkoli in Röschen zerteilen, Bohnen, Paprika, Sellerie und Champignons in Scheiben schneiden. Diese Gemüse zu der Zwiebel-Knoblauch-Mischung geben, Aubergine und Bambussprossen zufügen und alles unter Rühren 3–5 Minuten braten. Wasser, Pfeffer und Sojasauce zugeben und zum Kochen bringen. Die Hitze herunterschalten und die Gemüse etwa 5–10 Minuten simmern lassen. Die Tofuwürfel hineingeben und weitere 5–10 Minuten simmern lassen. Als Beilage Naturreis reichen.

Gado-Gado

450 g fester Tofu
3 EL Pflanzenöl
1 Zwiebel
2–3 Knoblauchzehen
280 ml heißes Wasser
225 g grobkörniges Erdnußmus
2 TL Rohzucker oder Melasse
1 EL geriebene frische Ingwerwurzel
Saft und abgeriebene Schale von 1 Zitrone
1 TL Tabasco (oder 1 EL feingehackte frische Chilischote)
30 g Kokosnuß, mit 180 ml heißem Wasser im Mixer verquirlt (=Kokosmilch)
225 g Weißkohl, gehobelt
225 g grüne Bohnen
225 g frische Bohnensprossen
¼ Gurke

Tofu würfeln und in 2 EL Öl goldbraun braten, vom Herd nehmen. Zwiebel und Knoblauch fein hacken und im restlichen Öl leicht anbräunen. Heißes Wasser und Erdnußmus in die Zwiebel-Knoblauch-Mi-

schung einrühren und bei schwacher Hitze so lange rühren, bis sich das Erdnußmus aufgelöst hat. Zukker, Ingwer, Zitronensaft und -schale, Tabasco und Kokosmilch zufügen und gut umrühren, bis alles gründlich vermischt ist.
Weißkohl und grüne Bohnen kurz in kochendem Wasser blanchieren (die Bohnensprossen können nach Belieben blanchiert oder roh serviert werden). Die Gurke in Scheiben schneiden. Die Gemüse auf einer Platte anrichten, die Tofuwürfel darauf verteilen und alles mit der Sauce übergießen.

Malaisische Nudeln

2 TL ganze Korianderkörner
Samen von 2 Kardamomkapseln
2 TL Kreuzkümmel
2 TL Kurkuma
½ TL Zimt
1 Prise gemahlene Nelken
2 TL gemahlener Bockshornklee
4 Zwiebeln
4 Tomaten
350–450 g fester Tofu
50 g Pflanzenmargarine
3 Knoblauchzehen
2 TL Meersalz
2 TL Chilipulver
1 EL geriebene frische Ingwerwurzel
140 ml Wasser
Saft von 1 Zitrone
350 g Fadennudeln
einige Stengel Petersilie zum Garnieren

Sämtliche Gewürze ohne Fett in einer schweren Pfanne erhitzen, bis sie intensiv duften, dann im Mörser fein zerstoßen oder im Mixer zermahlen. Die Zwiebeln grob hacken, in den Mixer geben und pürieren. Die Tomaten kurz überbrühen, häuten und klein schneiden. Den Tofu würfeln.
Die Margarine in einem Topf erhitzen und das Zwiebelpüree darin unter Rühren leicht anbräunen. Die Tomaten zugeben, 1–2 Minuten schmoren, dann die Tofuwürfel zufügen und weitere 2–3 Minuten unter Rühren mitschmoren. Knoblauch zerdrücken und in den Topf geben, Salz, Chilipulver, Ingwer und die Gewürzmischung zufügen. Alles gut verrühren. Zunächst nur etwas Wasser angießen und bei schwacher Hitze einige Minuten simmern lassen. Dann das restliche Wasser und den Zitronensaft dazugießen, umrühren und noch 5 Minuten köcheln lassen.
Fadennudeln bißfest kochen und abtropfen lassen. Die Tofusauce unter die Nudeln mischen und das Gericht mit der Petersilie garnieren.

Desserts und Kuchen

Indisches Roshmalay

Süße Tofubällchen
mit Mandelmilch

450 g mittelfester oder fester Tofu
350 ml Sojamilch (falls Sie Instant- oder Dosen-Sojamilch verwenden, mit etwas weniger Wasser als üblich anrühren, so daß die Milch etwas dicker wird)
25 g Pflanzenmargarine
6 ganze Kardamomkapseln
50 g Mandelblättchen
1–2 Messerspitzen frisch geriebene Muskatnuß
100–150 g Rohzucker
2 TL Rosenwasser
½ TL Vanilleessenz
knapp 60 ml Wasser

Den Tofu in ein Geschirrtuch wikkeln und soviel Flüssigkeit wie möglich herauspressen, in eine Schüssel geben und kurz durchkneten. Zu walnußgroßen Bällchen formen und beiseite stellen.
Die Sojamilch in einen Topf gießen, Margarine zufügen und zum Kochen bringen. Die Kardamomsamen aus den Kapseln lösen, mahlen und in die Milch geben, dann die Mandelblättchen, Muskat und die Hälfte des Zuckers einrühren. Die Hitze herunterschalten und die Sauce ohne Deckel etwa 10–15 Minuten simmern lassen. Vom Herd nehmen, Rosenwasser und Vanilleessenz unterrühren, abkühlen lassen.
In einem kleinen Topf den restlichen Zucker mit dem Wasser verrühren und zum Kochen bringen. Ohne Deckel bei mittlerer Hitze in etwa 15 Minuten zu einem Sirup einkochen lassen. Die Tofubällchen in den Sirup tauchen und dann auf einem Teller erkalten lassen. Die Tofubällchen auf Portionsschälchen verteilen und mit der Mandelmilch übergießen. Vor dem Servieren im Kühlschrank gut durchkühlen.

Russische Paschka mit kandierten Früchten

Foto Seite 114

250–350 g fester Tofu
50 g Pflanzenmargarine
4–5 EL Sojajoghurt (Seite 21)
50 g Rohzucker
50 g gemahlene Mandeln
50 g Zitronat und Orangeat, gemischt und fein gehackt
80 g Rosinen
½ TL Vanilleessenz

Den Tofu in ein Geschirrtuch wikkeln und soviel Flüssigkeit wie möglich herauspressen. Den ausgedrückten Tofu in eine Schüssel geben, die Margarine zufügen und die Masse cremig rühren. Dann die restlichen Zutaten untermischen. Die Masse in eine große Schüssel oder in Portionsschälchen geben, gut festdrücken. Vor dem Servieren mehrere Stunden zugedeckt in den Kühlschrank stellen.

Schnelle Zitronen-Paschka

250–350 g fester Tofu
50 g Rohzucker
50 g gemahlene Mandeln
4–5 TL Sojajoghurt
(Seite 21)
Saft und abgeriebene Schale von
1 Zitrone
80 g Sultaninen, Rosinen oder eine
Mischung von beiden

Den Tofu in ein Geschirrtuch wikkeln und soviel Flüssigkeit wie möglich herauspressen. Den Tofu glatt pürieren, mit sämtlichen anderen Zutaten gut verrühren und servieren.

Fritierte Tofubällchen mit Aprikosensauce

Foto Seite 115

225 g fester Tofu
50 g Weizenvollkornmehl
1 EL Honig
Pflanzenöl zum Fritieren
225 g Rohzucker-
Aprikosenkonfitüre
2 TL Orangenblütenwasser
(in Feinkostläden oder in der
Apotheke erhältlich)
4 EL Wasser

Den Tofu in einer Schüssel zerdrükken. Mehl, Honig und 1 TL Orangenblütenwasser unterrühren. Aus der Tofumasse walnußgroße Bällchen formen, in Öl goldbraun fritieren. Abtropfen lassen und warm stellen.

Die Aprikosenkonfitüre in einem kleinen Topf erhitzen. Das Wasser und das restliche Orangenblütenwasser einrühren und aufkochen lassen. Die warmen Tofubällchen mit der heißen Aprikosensauce übergießen und sofort servieren.

Aprikosenecken

110 g Pflanzenmargarine
225 g fester Tofu
¼ TL Meersalz
100–140 g Weizenmehl Type 1050
Rohzucker-Aprikosenkonfitüre zum
Füllen
Öl fürs Backblech
feiner Rohzucker zum Bestreuen

Margarine, Tofu und Salz mit einem Holzlöffel gut verrühren. Das Mehl darüberstreuen, zu einem weichen Teig kneten und zugedeckt kalt stellen. Den Teig dünn ausrollen und in kleine Quadrate schneiden. Auf jeden Teigfleck etwa 1 TL Aprikosenkonfitüre setzen. Teig übers Eck zusammenschlagen, so daß ein Dreieck entsteht, die Ränder fest zusammendrücken. Mit einer Gabel mehrmals einstechen. Auf ein geöltes Blech setzen und bei 190 °C etwa 30 Minuten backen. Mit feinem Rohzucker bestreuen und noch warm servieren.

Russische Paschka mit kandierten Früchten

Erdbeercreme

Fritierte Tofubällchen
mit Aprikosensauce

Aprikosencreme

150 g getrocknete Aprikosen
250–350 g mittelfester oder fester Tofu
2–3 TL Zitronensaft
4 EL Rohzucker
2 EL Sojajoghurt (Seite 21)
3–4 EL Mandelblättchen

Die Aprikosen mehrere Stunden einweichen oder weich dünsten (gedünstete Aprikosen werden cremiger; Aprikosen, die nur eingeweicht werden, haben noch etwas Biß, so daß die Creme nicht ganz so weich wird). Alle Zutaten bis auf die Mandelblättchen in den Mixer geben und gut durchmixen. Die Creme auf Dessertschälchen verteilen und mit Mandelblättchen bestreuen. Gut gekühlt servieren.

Erdbeercreme

Foto Seite 115

450 g frische Erdbeeren
350–400 g mittelfester oder fester Tofu
Saft von 1 Zitrone
4–6 EL Rohzucker
¼ TL Vanilleessenz

Ein paar der schönsten Erdbeeren beiseite stellen. Die restlichen Erdbeeren mit allen anderen Zutaten in den Mixer geben, gut durchmixen. Die Creme auf Dessertteller verteilen und mit den zurückbehaltenen Erdbeeren garnieren. Gut gekühlt servieren.

Schokoladenmousse*

170 g mittelfester Tofu, abgetropft und zerdrückt
125 ml Sojamilch
gut 2 TL Agar-Agar-Pulver
100 g Halbbitter-Blockschokolade
2 EL Honig (bzw. mehr oder weniger, je nach gewünschter Süße)
je 1 Prise Kardamom, Muskatblüte und Zimt
geröstete Mandelblättchen

Tofu im Mixer glattrühren und im Mixbecher beiseite stellen. Sojamilch erwärmen und das in 1 EL Wasser aufgeslöste Agar-Agar-Pulver darin auflösen, nicht kochen, beiseite stellen. Die Schokolade im Wasserbad schmelzen. Milch, Schokolade, Honig und Gewürze zum Tofupüree in den Mixer geben und gut durchmixen. Abkühlen lassen. Vor dem Servieren mit Mandelblättchen überstreuen.

Bananencreme*

4–5 Bananen
200 g fester Tofu, zerdrückt
Saft von 1 Zitrone
¼ l kaltes Wasser
3 EL Agar-Agar-Pulver
120 g Honig
200 ml Sojajoghurt

Bananen schälen und in Scheiben schneiden (ein Stück Banane zum Garnieren zurückbehalten). Zusammen mit dem Tofu und dem Zitronensaft in den Mixer geben und zu einer glatten Creme rühren. Beiseite stellen. Von dem Wasser 3 EL abnehmen und das Agar-Agar darin einweichen. In einem Topf das restliche Wasser erwärmen und den Honig darin auflösen. Agar-Agar unterrühren, nicht kochen. In eine Schüssel gießen. Bananenmischung und Sojajoghurt unterrühren. Entweder in der Schüssel erstarren lassen oder auf Dessertschälchen verteilen. In den Kühlschrank stellen. Mit Bananenrädchen garnieren.

Vanillecreme*

300 g Tofu
2 EL Maisstärke, ½ l Sojamilch
180 g Honig,
1 TL Vanillepulver
30 g Agar-Agar-Pulver,
in 60 ml Wasser eingeweicht
200 ml Sojajoghurt

Tofu im Mixer zu einer glatten Creme rühren und beiseite stellen. Die Maisstärke mit etwas Sojamilch anrühren, den Honig zugeben und mit der restlichen Milch glattrühren. Die Sauce bei schwacher Hitze andicken lassen, dabei ständig mit einem Holzlöffel rühren. Vanillepulver und Agar-Agar zufügen, weiterrühren, bis das Agar-Agar vollständig aufgelöst ist. Nicht mehr kochen. Tofucreme zufügen und alles gut vermischen. Den Topf in eine große Schüssel mit Eiswasser stellen; das Wasser soll bis zur halben Topfhöhe reichen. Die Creme unter Rühren abkühlen lassen, bis sie zu gelieren beginnt. Nicht zu fest werden lassen, dann gleich den Sojajoghurt unterrühren. Eine Schüssel mit kaltem Wasser ausspülen und die Creme einfüllen. Im Kühlschrank erstarren lassen. Zum Servieren auf eine Platte stürzen.

Kokoscreme*

½ l Sojadrink mit Kokos oder
Sojamilch, 200 g Kokosraspel
90 g Honig
35 g Agar-Agar-Pulver,
in 120 ml Wasser eingeweicht
300 g fester Tofu, zerdrückt
½ TL Vanillepulver

Sojadrink oder Sojamilch in einem Topf zum Kochen bringen und gleich vom Herd nehmen. Kokosraspel unterrühren und 10 Minuten ziehen lassen. Durch ein Sieb in einen anderen Topf abgießen, die Kokosraspel gut auspressen und dann wegwerfen.
Honig und Agar-Agar in die Kokosmilch einrühren und so lange bei schwacher Hitze unter Rühren erwärmen, bis beide vollständig aufgelöst sind. Nicht kochen. Tofu im Mixer zu einer glatten Creme pürieren und unter die Kokosmilch rühren. Vanillepulver einstreuen, alles gut vermischen. Eine Schüssel mit kaltem Wasser ausspülen, Kokoscreme einfüllen und im Kühlschrank erstarren lassen.

Desserts und Kuchen

Kokoscreme-Kuchen Foto

Teig
170 g mit Pflanzenfett hergestellte einfache Kekse (Reformhaus)
50 g Pflanzenmargarine
Fett für die Form

Belag
350 g abgewandelter japanischer oder mittelfester Tofu
4 EL Pflanzenöl
1 TL Vanilleessenz
¼ TL Meersalz
80–100 g Rohzucker
100 g Kokosraspel

Die Kekse im Mixer fein mahlen oder mit einem Nudelholz zerdrükken. Die Margarine zerlassen und unter die Kekskrümel kneten. Die Masse in eine gefettete Springform pressen. Bei 190 °C etwa 15 Minuten backen.
Tofu, Öl, Vanilleessenz, Salz und Zucker in den Mixer geben und gut durchmixen. Von den Kokosraspeln 2 EL abnehmen und beiseite stellen, die restlichen Kokosraspel unter die Creme rühren. Die Kokoscreme in den vorgebackenen Kuchenboden füllen, bei 180 °C etwa 15 Minuten backen. Mit den restlichen Kokosraspeln bestreuen und nochmals 5 Minuten backen. Abkühlen lassen, vor dem Servieren im Kühlschrank kalt stellen.

Käsekuchen mit Schokoladenglasur

Teig
150 g Weizenvollkornmehl
60–75 g Pflanzenmargarine
Fett für die Form

Belag
350 g abgewandelter japanischer Tofu oder mittelfester Tofu
80 g Rohzucker
1½ TL Vanilleessenz
1 EL Pflanzenöl
40 g Bitterschokolade
1 EL Maisstärke, 4 EL Wasser

Aus Mehl und Margarine einen elastischen Teig kneten (falls nötig, etwas Wasser zufügen). Eine gefettete Springform damit auskleiden, mit der Gabel mehrmals einstechen und bei 220 °C etwa 10 Minuten backen. Aus dem Ofen nehmen.
Den Tofu, 65 g Zucker, 1 TL Vanilleessenz und das Öl in den Mixer geben und gut durchmixen. Auf den vorgebackenen Kuchenboden füllen und bei 180 °C etwa 30 Minuten backen.
Ein Schälchen oder einen kleinen Topf ins Wasserbad stellen und die Schokolade darin schmelzen. Restlichen Zucker und Vanilleessenz unterrühren. Die Maisstärke im Wasser auflösen, in die Schokoladenmasse einrühren und noch so lange rühren, bis die Masse dick wird. Die Schokoladenglasur auf dem gebakkenen Kuchen verstreichen. Vor dem Servieren kalt stellen.

Käsekuchen mit Früchten

Teig
225 g Knuspermüsli ohne Trockenfrüchte
80–100 g Pflanzenmargarine
Fett für die Form

Belag
180 ml Sojamilch
650 g fester Tofu
8 EL Pflanzenöl
1 EL Vanilleessenz
1 TL Mandelextrakt
2 TL Pfeilwurzelmehl
beliebiger Fruchtbelag (z. B. frische Erdbeeren oder Kirschen; mit etwas Pfeilwurzelmehl angedicktes Kompott; Rohzucker-Konfitüre usw.)

Das Knuspermüsli im Mixer fein mahlen, die Margarine zerlassen und unterkneten. Mit dieser Teigmasse eine gefettete Springform auskleiden, bei 180 °C etwa 5 Minuten vorbacken.
Sojamilch, Tofu, Öl, Vanilleessenz, Mandelextrakt und Pfeilwurzelmehl in den Mixer geben und zu einer glatten Masse verschlagen (wahrscheinlich müssen Sie das portionsweise in 2–3 Arbeitsgängen machen). In die Form gießen. Bei 180 °C etwa 20 Minuten backen. Aus dem Ofen nehmen und erkalten lassen. Beliebig mit Früchten oder Fruchtzubereitungen belegen. Vor dem Servieren im Kühlschrank gut durchkühlen.

Desserts und Kuchen

Tofu-Joghurt-Kuchen mit Früchten

Teig
150 g Weizenvollkornmehl
60–75 g Pflanzenmargarine
Fett für die Form

Belag
250–350 g fester Tofu
280 ml Sojajoghurt (Seite 21)
4 EL Honig
1 TL Vanilleessenz
frische Früchte zum Belegen (z.B. Erdbeeren, Bananen, Pfirsiche, Kiwis)

Aus dem Mehl und der Margarine einen elastischen Teig kneten (falls nötig, etwas Wasser zufügen). Eine gefettete Tortenboden- oder Pieform damit auskleiden. Bei 200 °C etwa 15 Minuten backen. Erkalten lassen und aus der Form nehmen. Den Tofu in ein Geschirrtuch wikkeln und soviel Flüssigkeit wie möglich herauspressen. In eine Schüssel geben, Joghurt, Honig und Vanilleessenz zufügen. Gut durchschlagen. Den Kuchenboden mit der Tofumasse füllen. Zugedeckt mehrere Stunden im Kühlschrank stehen lassen. Vor dem Servieren die Früchte in Scheiben schneiden und den Pie damit belegen.

Himbeerkuchen mit Tofu-Orangen-Creme

Teig
40 g Haferflocken
15 g Kokosraspel
15 g Pflanzenmargarine

Belag
350 g fester Tofu
2 EL Sojajoghurt (Seite 21)
2 EL Rohzucker
Saft und abgeriebene Schale von ½ Orange, ½ TL Vanilleessenz
2 TL Tahin (Sesampaste)
1 Prise Meersalz
2–3 EL Honig, 4 EL Wasser
⅛ TL Agar-Agar-Pulver
110 g Himbeeren, frisch oder tiefgefroren

Haferflocken und Kokosraspel vermischen. Den Boden einer Springform mit der Margarine bestreichen, die Raspelmischung darüberstreuen, beiseite stellen.
Tofu, Joghurt, Zucker, Orangensaft und -schale, Vanilleessenz, Tahin und Salz in den Mixer geben und zu einer glatten Creme verrühren. In die Form füllen.
In einem kleinen Topf den Honig im Wasser bei mittlerer Hitze auflösen. Agar-Agar einrühren, zum Kochen bringen, etwa 1 Minute leise köcheln lassen. Vom Herd nehmen, die Himbeeren unterrühren und auf der Tofucreme verteilen. Bei 180 °C etwa 35 Minuten backen. Vor dem Servieren mehrere Stunden in den Kühlschrank stellen.

Erdbeerkuchen mit Tofucreme

Foto

Teig
150 g Weizenvollkornmehl
60–75 g Pflanzenmargarine
Fett für die Form

Belag
½ TL Agar-Agar-Pulver
120 ml Wasser
170 g Cashewkerne, grob zerstoßen
225 g fester oder mittelfester Tofu
280 ml Sojajoghurt (Seite 21)
4 TL Zitronensaft
2 TL Vanilleessenz
4 EL Rohzucker
frische Erdbeeren zum Belegen

Aus dem Mehl und der Margarine einen elastischen Teig kneten (falls nötig, etwas Wasser zufügen). Eine gefettete Tortenboden- oder Pieform damit auskleiden. Bei 200 °C etwa 15 Minuten backen. Erkalten lassen und aus der Form nehmen. Agar-Agar im Wasser auflösen, zum Kochen bringen und 1 Minute wallen lassen. Die Cashewkerne im Mixer fein mahlen. Agar-Agar-Wasser, Tofu, Joghurt, Zitronensaft, Vanilleessenz und Zucker zufügen, gut durchmixen, auf den Kuchenboden gießen und im Kühlschrank erstarren lassen. Vor dem Servieren mit Erdbeeren belegen.

Tofu-Sahne*

350 g mittelfester oder abgewandelter japanischer Tofu, abgetropft, Salz
3 EL Rohzucker
Vanillepulver oder Zimt (nach Geschmack)
1 EL Pflanzenöl

Sämtliche Zutaten im Mixer glatt und schaumig schlagen. Wie Schlagsahne verwenden. Zugedeckt im Kühlschrank aufbewahren.

Vanilleeis

225 g mittelfester oder abgewandelter japanischer Tofu
2 TL Vanilleessenz
2 EL Pflanzenöl
50–80 g Rohzucker
180 ml Sojamilch

Sämtliche Zutaten in den Mixer geben und gut durchmixen. In einen geeigneten Behälter (am besten eine Metallschüssel) gießen und ins Gefrierfach stellen. Während des Gefriervorgangs häufig umrühren, damit sich keine groben Eiskristalle bilden. 10–15 Minuten vor dem Servieren das Eis aus dem Gefrierfach herausnehmen und in den Kühlschrank stellen.

Okara-Cracker*

175 g Okara (Seite 16)
140 g Weizenvollkornmehl
70 g Weizenkeime
1 TL Salz
125 ml Pflanzenöl
3 EL fester Tofu, zerdrückt

Sämtliche Zutaten in eine Schüssel geben und zu einem glatten Teig kneten (das dauert etwa 5 Minuten). Teig zwischen 2 Blättern Backpapier 3 mm dünn ausrollen, Cracker ausstechen. Auf ein mit Backpapier ausgelegtes Backblech setzen und im vorgezeizten Ofen bei 160 °C etwa 10 Minuten backen, bis die Cracker hellbraun und knusprig sind. Erkalten lassen, luftdicht verschlossen aufbewahren. Ergibt etwa 60 Stück.

Variationen
Bestreuen Sie die Cracker mit
- geriebenem Parmesan,
- Kokosflocken,
- Sesam,
- Kümmel oder Mohn.

Oder kneten Sie eine der folgenden Zutaten unter den Teig:
- ½ TL Currypulver,
- Mohn,
- Leinsamen,
- Erdnüsse, gebrochen,
- Mandeln oder Haselnüsse, fein gehackt.

Hafer-Okara-Kekse*

165 ml Distel- oder Walnußöl
1 Ei
100 g Honig
70 g Okara (Seite 16)
1 Prise Salz
1 TL Zimt
1 TL Vanillepulver
140 g Weizenmehl Type 1050
150 g feine Haferflocken oder Hafermehl
70 g Walnüsse, gehackt
Fett fürs Backblech
Rohzucker nach Belieben

Sämtliche Zutaten gründlich verkneten. Den Teig in 2,5 cm große Bällchen rollen und auf ein gefettetes Backblech setzen, dabei zwischen den Bällchen etwa 3,5 cm Abstand einhalten. Ein Glas am Boden fetten und nach Belieben in Zucker tauchen, die Bällchen damit flachdrücken. Oder den Teig zu einer Rolle formen und davon Scheiben abschneiden. Oder den Teig dünn ausrollen und beliebige Kekse ausstechen bzw. ausradeln. Im vorgeheizten Ofen bei 180 °C etwa 10 Minuten backen, bis die Kekse leicht gebräunt sind. Auf einem Rost auskühlen lassen. Luftdicht verschlossen aufbewahren. Ergibt etwa 30 Stück.

Gewürzkekse*

250 g Rohzucker
200 g Tofu, zerdrückt
125 ml Pflanzenöl
125 ml Melasse
2 TL geriebener Ingwer
2 TL Zimt
¼ TL gemahlene Nelken
¼ TL Muskat
1 TL Salz
2 TL Backpulver
750–850 g Weizenmehl Type 1050
Fett fürs Backblech

Zucker, Tofu, Öl, Melasse, Gewürze und Backpulver in den Mixer geben und zu einer glatten Creme rühren. Beiseite stellen. Das Mehl in eine große Schüssel geben. Tofucreme zufügen, alles gut durchmischen. Dies ergibt schließlich eine zähe Masse, die man am besten von Hand durchknetet. Den Teig 3 Stunden bzw. über Nacht kalt stellen. Zwischen 2 Blättern Backpapier 3–5 mm dick ausrollen. Mit beliebigen Förmchen Kekse ausstechen. Auf ein gefettetes Blech setzen und im vorgeheizten Ofen bei 180 °C etwa 8 Minuten backen, bis die Kekse an den Rändern leicht gebräunt und ganz durchgebacken sind. Ergibt etwa 50–100 Stück, je nach Größe der Ausstechförmchen. Luftdicht verschlossen halten sie sich etwa 1 Monat.

Register

Register